Amusez-vous *Bien!*
Méthode de Français

역백

저자의 말

 2011년 11월 23일 새벽에 별이 졌다. 프랑스에게 강탈당한 외규장각 도서를 145년 만에 돌려받는 데 앞장선 박병선 박사가 향년 83세로 타계한 것이다. 145년 만에 고국의 품으로 돌아온 외규장각 도서. 190종 297권인 외규장각 도서는 병인양요 때 프랑스군이 2개월간 강화도 강화읍성에 주둔하면서 약탈해간 문화재 중 일부다. 프랑스로 유학을 떠나기 전 은사인 이병도 당시 서울대 교수가 "프랑스가 병인양요 때 약탈해간 물건이 많으니 꼭 찾아 보라"고 했던 당부를 잊지 않고 지킨 것이다.

 프랑스어 교재의 '저자의 말'에 갑자기 박병선 박사를 언급하는 것은, 이 교재가 추구하려는 가치가 무엇인지를 보여주기 위함이다. 즉 이 교재는 프랑스어 자체에 그 목적을 두고 있는 것이 아니라, 프랑스어를 이용해 독자들이 원하는 바를 반드시 성취하길 바라는 염원을 담고 있다. 박병선 박사는 불문학을 전공한 분이 아니다. 그분은 역사학도로서 1972년 프랑스 국립도서관 사서로 근무하면서 세계에서 가장 오래된 금속활자인 '직지심체요절'을 발견했던 인물이기도 하다. 흔히 프랑스어는 불문학을 전공한 사람들의 전유물로 생각하기 쉽다. 그러나 박병선 박사의 일생에서 보듯, 프랑스어는 은사의 뜻을 실천하기 위한, 아니 조국의 문화재를 조국에 바치기 위해 필요한 언어였을 뿐, 더 이상의 낭만이 담겨 있지 않은 하나의 약탈 국가의 언어였던 것이다. 그러나 이제 자라나는 젊은 세대들에게 프랑스어는 또 다른 의미로 다가오고 있다. 누군가는 아직도 약탈된 문화재를 되찾기 위한 노력을 할 것이다. 또 누군가는 자신의 꿈을 실현시키기 위해, 아니면 한국을 프랑스에 알리기 위해, 한국의 물건들을 세계에 팔기 위해 프랑스어를 배울 것이다. 이처럼 프랑스어에 대한 필요성과 욕구는 과거에 비해 무척 다양해졌다.

 언어를 배우기 위한 가장 필수적인 요소는 흥미일 것이다. 필자는 30년 이상을 프랑스어와 접하면서 프랑스어 학습에 점차 흥미를 잃어 중도에 포기하는 사람들을 수없이 지켜봐

왔다. 따라서 본 교재는 대학 교양과정에서 프랑스어를 이수하는 학생들과 프랑스어가 필요한 일반인들이 중도에 포기하지 않도록 흥미에 초점을 두었다. 흥미는 단지 유희거리만이 아니다. 흥미는 기본적으로 새로워야 한다. 예를 들어, 현재 프랑스인들의 아기에 대한 작명은 과거와는 엄청나게 달라졌다. 과거에 유행했던 Marie, Paul 대신 지금은 Emma, Gabriel이란 이름이 이들을 대체하고 있다. 새로운 시대에 교재 역시 새로워야 하는 이유가 바로 여기에 있다. 본 교재 속에는 최신 자료는 물론, 최신 정보까지 수록 되어 있어 죽은 지식이 아닌 살아 움직이는 실용적 지식임을 밝혀 둔다. 물론 단지 새롭고 실용적인 것만으로는 흥미를 느낄 수 없을 것이다. 따라서 본 교재 속에는 프랑스의 다양한 문화들을 각 장마다 삽입해, 각자의 관심 분야를 폭넓게 아우를 수 있는 확산적 사고를 가능케 하고 있다. 포도주, 향수, 문학, 샹송, 요리, 카페… 이 모든 것은 오늘날의 프랑스를 있게 한 원동력이자 역사 그 자체라고 할 수 있다.

본 교재에 수록된 회화와 문법 연습문제들은 독자들의 꿈을 실현시키기 위한 그야말로 최소한의 기본적인 노력이 요구되는 부분이다. 가급적 하루에 몇 분 만이라도 기초적 투자에 시간을 할애하길 바란다. 끝으로, 이 책이 나오기까지 도와준 최재혁 군, 서루미 양에게 사랑한다는 말을 전하고 싶다. 특히, 아낌없는 조언과 심혈을 기울여 교정을 봐주신 한선혜 선생님과 출판사 임직원분들께 심심한 감사의 마음을 표한다.
덧붙여, 필자는 가능한 한 프랑스어 원음에 충실하기 위해 국립국어원의 외래어표기법을 따르지 않았음을 밝혀둔다.

이 책의 제목처럼 모두에게 즐거운 시간이 되길 바란다.

길해옥

목차

저자의 말 ·· 2

Leçon 0 알파벳과 발음법 ·· 6
            Alphabet et prononciation

Leçon 1 만나고 헤어질 때 인사하기 ··· 12
            Salut ! Tu vas bien ?

Leçon 2 자기소개 ·· 24
            Enchanté !

Leçon 3 고마움과 미안함을 나타내는 표현 ····································· 36
            S'il vous plaît !

Leçon 4 축하와 기원을 나타내는 표현 ·· 48
            Félicitations !

Leçon 5 건강과 신체에 관한 표현 ·· 64
            C'est grave docteur ?

Leçon 6 시간과 수 ··· 80
            C'est combien ?

Leçon 7 공항에서의 필수적인 표현 ················ 92
Rien à déclarer !

Leçon 8 호텔에서의 필수적인 표현 ················ 104
Avez-vous une chambre libre ?

Leçon 9 택시와 지하철을 탈 때의 필수적인 표현 ········ 116
Où est la station de métro ?

Leçon 10 식당에서의 필수적인 표현 ················ 130
Je peux avoir le menu ?

Leçon 11 관광안내소에서의 필수적인 표현 ············ 142
Pouvez-vous nous renseigner ?

Leçon 12 상점에서의 필수적인 표현 ················ 156
Vous avez un 38 ?

Tableaux des conjugaisons 동사 변화표 ············ 170

Leçon 0

알파벳과 발음법 Alphabet et prononciation

알파벳 (Alphabet)

A	a	[ɑ]	N	n	[ɛn]
B	b	[be]	O	o	[o]
C	c	[se]	P	p	[pe]
D	d	[de]	Q	q	[ky]
E	e	[ə]	R	r	[ɛ:ʀ]
F	f	[ɛf]	S	s	[ɛs]
G	g	[ʒe]	T	t	[te]
H	h	[aʃ]	U	u	[y]
I	i	[i]	V	v	[ve]
J	j	[ʒi]	W	w	[dublə ve]
K	k	[kɑ]	X	x	[iks]
L	l	[ɛl]	Y	y	[igʀɛk]
M	m	[ɛm]	Z	z	[zɛd]

철자부호

l'accent aigu	´
l'accent grave	`
l'accent circonflexe	^
le tréma	¨
la cédille	ç
l'apostrophe	'
le trait d'union	-

구두점

le point	.
la virgule	,
le point d'interrogation	?
le point d'exclamation	!
les parenthèses	( )

발음법 (Prononciation)

1. 모음 (Voyelles)

발음기호	철자	예
[a]	a	papa, madame
	à	voilà, à
[ɛ]	e	elle, mer
	è	père, bière, mère
	ê	tête, fête
	ai	lait, mais
	ei	Seine, Eiffel
[e]	e	des, les, nez, chez
	é	été, thé, café
[i]	i	ici, si
	î	île
	y	style
[y]	u	tu, rue, une, futur, utile
	û	flûte
[ɑ]	a	pas, bas, tasse
	â	âne, âme
[ɔ]	o	porte, robe, comme
	au	Paul, taureau
[o]	o	dos, piano, rose
	ô	tôt, hôte
	au	aussi, autre, jaune
	eau	eau, beau, manteau
[u]	ou / où / oû	nous, amour, tout, jour, où, croûte
[œ]	eu	neuf, peur, jeune, fleur
	œu	sœur, bœuf
[ø]	eu	bleu, feu, adieu
[ə]	e	le, de, menu, ne, ce

2. 비모음 (Voyelles nasales)

발음기호	철자	예
[ã]	an	chance
	am	jambe
	en	vent, enfant
	em	temps
[ɛ̃]	in	vin
	im	timbre
	yn	syntaxe
	ym	symphonie
	ain	pain, main
	aim	faim
	ein	plein
	en	bien, coréen
[ɔ̃]	on	bonjour, monde
	om	bombe, nom
[œ̃]	un	un, brun
	um	parfum

3. 자음 (Consonnes)

발음기호	철자	예
[p]	p	pierre
[b]	b	blanc
[m]	m	madame
[f]	f	femme
	ph	photo
[v]	v	vite
[t]	t	table
	th	théâtre
[d]	d	dîner

발음기호	철자	예
[n]	n	natation
[s]	s	sac
	sc	scène
	c (e, i 앞)	ceci, ciel
	ç	français
	x	six
	t	nation
[z]	z	douze
	s (두 모음 사이)	rose, église, maison
	x	deuxième
[l]	l	la, les
[ʃ]	ch	chat, chien
[ʒ]	j	joli, jeune
	g (e, i 앞)	genou, gilet
[g]	g (a, o, u 앞)	gant, gomme, légume
	gu (e, i 앞)	guerre, guitare
[k]	k	kilo
	c (a, o, u 앞)	café, conte, cuisine
	qu	qui
[R]	r	roi, riche
[ks]	x	taxi
[gz]	x	exercice, examen
[ɲ]	gn	cognac

4. 반자음 / 반모음 (Semi-Consonnes / Semi-Voyelles)

발음기호	철자	예
[j]	i	pieds
[w]	ou	oui
[ɥ]	u	lui

5. 연음, 연독, 모음자 생략

1. 연음 (enchaînement)

연음이란 앞 단어의 발음되는 마지막 자음이 모음 또는 무음 h로 시작하는 뒤 단어의 첫 음절과 이어져 발음되는 현상이다.

    avec une amie : [avɛk] [yn] [ami] → [a/vɛ/ky/na/mi]
    petite enfant : [pətit] [ɑ̃fɑ̃] → [pə/ti/tɑ̃/fɑ̃]
    Il habite à Paris : [il] [abit] [a] [paʀi] → [i/la/bi/ta/paʀi]

2. 연독 (liaison)

연독이란 앞 단어의 발음되지 않는 마지막 자음이 모음 또는 무음 h로 시작하는 뒤 단어의 첫 음절과 이어져 발음되는 현상이다.

un petit ami [œ̃pətitami]	les étudiants [lezetydjɑ̃]
ils ont [ilzɔ̃]	nous avons [nuzavɔ̃]
deux ans [døzɑ̃]	dix hommes [dizɔm]
Comment allez-vous? [kɔmɑ̃talevu]	tout à coup [tutaku]

3. 모음자 생략 (élision)

프랑스어에서는 모음이 반복해서 나오는 것을 피한다. 따라서 앞 단어가 모음으로 끝나고 뒤 단어가 모음이나 무음 h로 시작되면 모음과 모음이 겹치므로 축약을 시킨다.

le		l'	l'homme
la		l'	l'école
de		d'	d'ami
ce	+ 모음 / 무음 h →	c'	c'est
que		qu'	Qu'est-ce que c'est?
ne		n'	je n'ai pas
je		j'	j'ai
si		s'	s'il vous plaît

6. 인칭대명사와 être, avoir 동사의 발음

프랑스어 동사는 주어의 인칭과 수에 따라 형태가 변하는데 이를 동사의 활용(conjugaison)이라고 한다.

인칭대명사	être	avoir
je (j')	suis	ai
tu	es	as
il (elle)	est	a
nous	sommes	avons
vous	êtes	avez
ils (elles)	sont	ont

다음은 2019년 한 해 동안 태어난 아기들에게 프랑스 부모들이 가장 많이 지어준 이름들로, 남녀를 구분하여 순서대로 나열한 것이다. 소리를 내 발음해 보면서, 어떤 발음기호인지, 또 발음의 차이는 어떤지 기억해 보기로 하자. (출처: www.notrefamille.com)

	Le top 10 des prénoms filles (여자아기 이름 상위 10위)	Le top 10 des prénoms garçons (남자아기 이름 상위 10위)
1	Emma	Gabriel
2	Louise	Raphaël
3	Alice	Léo
4	Chloé	Louis
5	Lina	Lucas
6	Rose	Adam
7	Léa	Arthur
8	Anna	Hugo
9	Mila	Jules
10	Mia	Maël

Leçon 1

만나고 헤어질 때 인사하기   Salut ! Tu vas bien ?

Catherine : Bonjour!
Vincent   : Bonjour! Comment vas-tu?
Catherine : Bien, et toi?
Vincent   : Pas mal.
Catherine : Qu'est-ce que c'est?
Vincent   : C'est un livre.

Daniel   : Salut! Ça va?
Isabelle : Oui, ça va. Et toi?
Daniel   : Ça va bien, merci.
Isabelle : Qui est-ce?
Daniel   : C'est Pierre, un ami.

Mme Durand : Bonsoir, monsieur!
M. Leblanc : Bonsoir, madame! Comment allez-vous?
Mme Durand : Je vais bien, merci, et vous?
M. Leblanc : Très bien, merci.
Mme Durand : Bonne journée et à bientôt!
M. Leblanc : Au revoir!

어휘 및 관용구

- **bonjour** n. 안녕, 안녕하세요. (아침에 만났을 때)
- **bonsoir** n. 안녕, 안녕하세요. (저녁에 만났을 때)
- **salut** n. 안녕 (주로 가까운 친구 사이에 쓰는 구어적 표현으로 만날 때와 헤어질 때 모두 쓰임)
- **Ça va?** 잘 지내? 어떻게 지내? (Ça는 중성대명사 cela의 구어적 표현으로 '이것, 그것, 저것' 등 지시 대상을 가리키나 이처럼 관용적 표현에도 사용됨)
- **comment** ad. 어떻게
- **tu** [2인칭 단수 주어] 너는 (2과 문법 참조)
- **toi** [2인칭 단수 강세형] 너 (3과 문법 참조)
- **aller** v. 1. (이동) 가다. 2. (건강 상태가) ~하다, ~한 상태로 지내다.
- **bien** ad. 잘, 훌륭하게
- **aller bien** 잘 지내다.
- **pas** ad. (ne와 함께) ~가 아니다.
- **mal** ad. 나쁘게, 운수 나쁘게
- **monsieur** n. (남성에 대한 존칭) ~씨, 선생님 (약자는 M.)
- **madame** n. (기혼 여성에 대한 존칭) 부인 (약자는 Mme)
- **vous** [2인칭 복수 주어, 혹은 tu의 정중한 표현] 당신이, 당신은, 당신들은
- **merci** 고마워, 감사합니다.
- **journée** n.f. (아침부터 저녁까지의) 하루
- **Bonne journée!** 좋은 하루 보내세요!
- **bientôt** ad. 곧, 오래지 않아
- **À bientôt!** (헤어질 때 인사) 또 봐요!
- **revoir** n. 재회
- **Au revoir!**와 **Ciao!**는 헤어질 때의 인사말. 안녕, 또 만납시다! (Ciao는 원래 이탈리아 말로 프랑스어로는 salut와 마찬가지로 해석되는데 주로 라틴계 문화권에서 헤어질 때 인사말로 많이 쓰이고 있음)
- **que** [의문대명사 단순형] 무엇을
- **qui** [의문대명사 단순형] 누가, 누구, 누구를
- **ce** [지시대명사] 이것, 그것, 저것
  지시대명사 ce는 être 동사의 3인칭 단수형 est와 결합하여 C'est~ 형식의 소개문을 만든다.
  이때 ce는 사람, 사물을 지시하는 중성지시대명사다.
- **être** v. ~이다, ~에 있다.
- **c'est…** [소개문] 이것 / 그것 / 저것(이 사람 / 그 사람 / 저 사람)은 ~이다.
- **un** [부정 관사] (불특정 명사 앞에) 어떤, 하나의
- **livre** n.m. 책
- **ami(e)** n. 친구, 동무, 동료, 벗

문법

■ 명사의 성과 수

1. 명사의 성

프랑스어의 모든 명사는 성(性, genre)을 가지고 있어 남성(masculin) 혹은 여성(féminin)으로 구별된다. 또한 명사를 수식하는 관사는 명사의 성과 일치하므로 명사를 익힐 때에는 반드시 관사와 함께 외워 둘 필요가 있다.

n.m. (남성명사)	n.f. (여성명사)
homme (남자)	femme (여자)
livre (책)	table (탁자)
cahier (공책)	chaise (의자)
restaurant (식당)	cuisine (요리)
train (기차)	voiture (자동차)

2. 명사의 여성형

일반적으로 남성명사에 **e**를 붙이면 여성명사가 된다.

(1) 원칙 : 남성명사 + e	un étudiant	une étudiante
(2) -e → -e	un pianiste	une pianiste
(3) -er → -ère	un étranger	une étrangère
(4) -en → -enne	un chien	une chienne
(5) -eur → -euse	un chanteur	une chanteuse
(6) -teur → -trice	un acteur	une actrice

- 교사(professeur)와 의사(médecin), 작가(écrivain)의 경우는 별도의 여성형이 없기 때문에 남성형을 그대로 사용한다.

■ 부정관사 (voir p.26)

	남성 (m.)	여성 (f.)
단수 (s.)	un	une
복수 (pl.)	des	

3. 명사의 복수형

명사의 수는 영어와 마찬가지로 단수와 복수가 있다. 일반적으로 복수는 단수의 어미에 s를 붙여 만든다. 이때 복수를 뜻하는 s는 발음되지 않는다.

예) livre (책) / livres (책들), crayon (연필) / crayons (연필들)

(1) 원칙 : 단수형 + s	un père	des pères
(2) -s → -s	un pays	des pays
-x → -x	une voix	des voix
-z → -z	un nez	des nez
(3) -au → -aux	un tuyau	des tuyaux
-eau → -eaux	un manteau	des manteaux
-eu → -eux	un cheveu	des cheveux
(4) -al → -aux	un cheval	des chevaux
(5) -ail → -aux	un travail	des travaux
-ou → -oux	un bijou	des bijoux
(6) 특별한 복수형	monsieur	messieurs
	madame	mesdames
	mademoiselle	mesdemoiselles

- monsieur [약자는 M.], madame [약자는 Mme], mademoiselle [약자는 Mlle]

■ aller 동사의 현재 변화형 (건강 상태가)~하다, ~가다

je	vais	nous	allons
tu	vas	vous	allez
il / elle	va	ils / elles	vont

■ 소개문 (1) : c'est + 명사

예) C'est un livre. (이것은 책입니다)
　　C'est Pierre. (이 사람은 삐에르입니다)
　　Ce sont des livres. (이것들은 책들입니다)

일상에서 자주 사용하는 표현

■ 인사말

① 만날 때

Bonjour!	(아침 또는 오후 인사)
Bonsoir!	(저녁 인사)
Salut!	(친한 사이에 쓰는 구어적 표현)

② 헤어질 때

Au revoir!	(잘 가요! 안녕히 가세요!)
À bientôt!	(곧 다시 만나요!)
Salut!	(안녕!)
À tout à l'heure!	(잠시 후에 봐요!)
À demain!	(내일 봐요!)
À la prochaine!	(다음에 봐요!)
Bonne journée!	(좋은 하루 보내세요!)
Bon après-midi!	(좋은 오후 보내세요!)
Bonne soirée!	(좋은 저녁 시간 보내세요!)
Bonne nuit!	(안녕히 주무세요!)

③ 안부 묻고 대답하기

Comment allez-vous?
Je vais bien, merci.

Tu vas bien?
Oui, très bien.

Ça va? (↗)
Ça va. (↘)

Exercices

I. 다음 단어들의 뜻을 쓰고 남성명사는 m. 여성명사는 f. 로 표시하시오.

porte ( )	garçon ( )	fille ( )	fenêtre ( )
stylo ( )	table ( )	sac ( )	homme ( )
femme ( )	montre ( )	livre ( )	cahier ( )
tableau ( )	crayon ( )	chaise ( )	chien ( )

II. 다음 명사의 여성형을 쓰시오.

étudiant	étranger	chien	musicien
artiste	danseur	professeur	acteur
pianiste	médecin	ami	vendeur

III. 다음 단어들의 뜻을 쓰고 단수는 s. 복수는 pl. 로 표시하시오.

Français ( )	garçons ( )	pont ( )	fleur ( )
enfants ( )	famille ( )	hommes ( )	élève ( )
manteaux ( )	arbre ( )	pommes ( )	cheval ( )
noms ( )	ami ( )	cheveux ( )	travaux ( )

IV. aller 동사를 현재형으로 변화시켜 대화를 완성하시오.

A: Bonjour, monsieur! Comment _____ -vous?

B: Je _____ bien, merci et vous?

A: Très bien, merci.

A: Salut, Paul! Comment ça _____?

B: Ça _____ bien, et toi?

A: Moi aussi, je _____ bien. À bientôt!

A: Tu _____ bien?

B: Pas mal, merci. Au revoir!

V. 프랑스어로 옮기시오.

1) 안녕하세요, 어떻게 지내세요?

2) 잘 지내요. 감사합니다.

3) 안녕히 가세요.

4) 좋은 하루 되세요.

5) 이것은 무엇입니까?

Qu'est-ce que c'est? 이것은 무엇입니까? (사물) / **C'est …** (이것은 ~입니다)

Qui est-ce? 누구십니까? (사람) / **C'est …** (~입니다)

눈앞에 있는 것을 가리키며, 질문은 단수, 복수 모두 한 가지 형태이고, 대답은 단수의 경우에는 c' est…, 복수의 경우에는 ce sont…을 사용한다.

Qu'est-ce que c'est? C'est un livre. Ce sont des livres.
Qui est-ce? C'est un homme. Ce sont des hommes.

Documents

■ 프랑스 LA FRANCE

프랑스의 정식 명칭은 프랑스공화국 la République française이다. 북쪽으로는 북해, 북서쪽으로는 영국해협, 서쪽으로는 대서양, 남동쪽으로는 지중해로 둘러싸여 있는, 유럽 대륙의 가장자리에 위치한 국가 중 하나다. 북동쪽은 룩셈부르크, 벨기에와 인접해 있으며, 동쪽으로는 스위스와 독일, 남동쪽으로는 이탈리아와 모나코, 그리고 남서쪽으로는 스페인과 안도라공국에 접해 있다. 그러나 엄밀히 말하면, 프랑스 남쪽은 피레네 산맥에 의해 자연스럽게 국경이 규정되어 있지만, 북동쪽은 험준한 산맥으로 인해 지리학적으로나 언어학적으로 국경의 경계가 모호한 것이 사실이다. 또한, 프랑스는 육각형 모양의 본토 외에 유럽대륙 밖으로도 많은 영토를 가지고 있다. 주로 대양에 위치한 섬들을 대상으로, 해외 영토인 DOM-TOM (Départements d'outre-mer - Territoires d'outre-mer)으로 불리던 행정구역은, 2003년 3월 28일에 발효된 개정 법률에 의해 DROM-COM (Départements et régions d'outre-mer - Collectivités d'outre-mer)으로 바뀌게 된다. 이는 DOM-TOM이란 용어가 과거 식민지제국 시대를 연상시킬 수 있다는 다수의 부정적 견해를 받아들인 결과라 할 수 있다. 그러나 흥미로운 것은 대부분의 프랑스인들이 DROM-COM으로 바뀐 사실을 모르고 여전히 DOM-TOM을 사용하고 있다는 점이다. 아무튼 2003년 이후 개정된 프랑스의 해외 영토는 다음과 같이 분류해 볼 수 있다.

DROM (Départements et régions d'outre-mer) : Guadeloupe, Guyane, Martinique, La Réunion, Mayotte.

COM (Collectivité d'outre-mer) : Polynésie française, Saint-Martin, Saint-Barthélemy, Saint-Pierre-et-Miquelon, Wallis-et-Futuna.

Statut spécifique : Nouvelle-Calédonie

Territoires inhabités : îles Crozet, îles Kerguelen, Saint-Paul-et-Amsterdam, Terre Adéli, îles Éparses (Terre australes et antarctiques françaises : TAAF)

Territoires inhabités : îles de Clipperton (Domaine public de l'État)

Collectivité Métropolitaine : Corse (Collectivité territoriale)

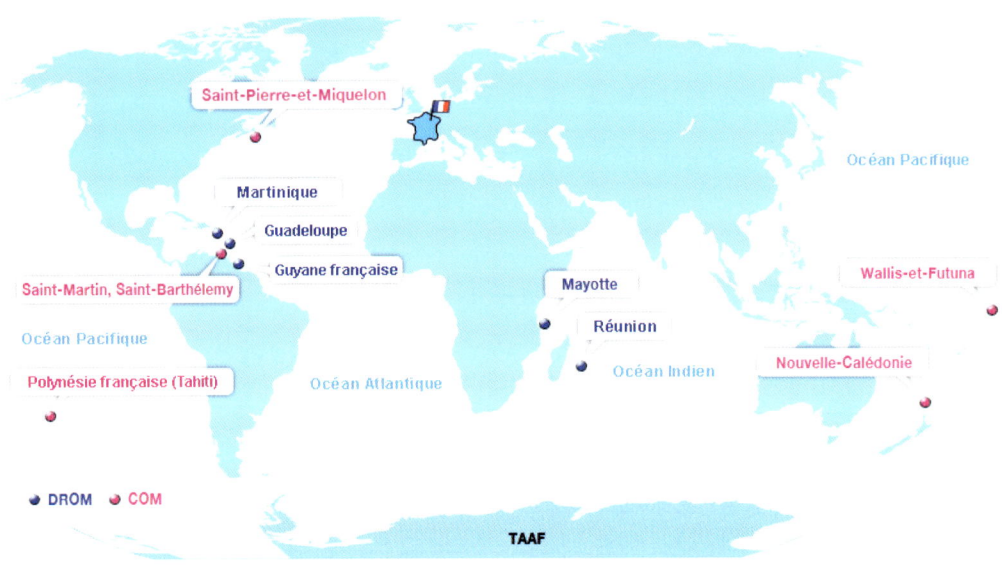

프랑스 본토와 DROM-COM

    프랑스어를 모국어나 행정언어로 사용하는 국가들로 구성된 프랑코포니 La Francophonie 는 프랑스어권 국제기구(OIF, Organisation Internationale de la Francophonie)를 뜻하는 말로, 국제무대에서 프랑스어의 위상을 높이고 보급을 확대하기 위해 프랑스를 중심으로 창설된 국제기구라 할 수 있다. 2019년 현재 61개 회원국(정회원국 54개, 준회원국 7개)과 27개의 참관국이 있다. 대한민국은 2016년 마다가스카르 안타나나리보에서 개최된 제16회 회담에서 참관국 자격으로 가입하였다.

OIF 기

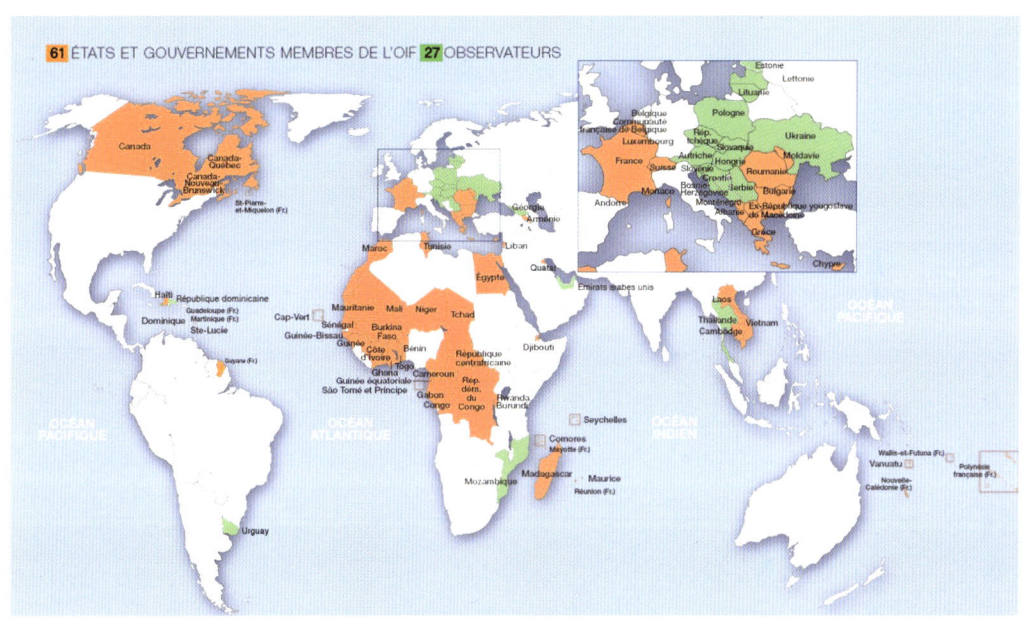

Le Monde de la Francophonie

Coup d'œil

프랑스 후기 인상파를 대표하는 화가 중 한 사람인 뽈 고갱(Paul Gauguin, 1848~1903)의 이름을 들으면, 우리는 늘 타히티Tahiti 섬을 떠올린다. 복잡하고 번잡한 도시문명에서 벗어나 고갱이 찾은 곳이 바로 프랑스령 폴리네시아에 속한 쏘시에떼Société 제도의 타히티 섬이다. 태고의 신비를 간직한 폴리네시아의 원시적 문화와 작열하는 열대의 태양빛에 힘입어 고갱은 전에 없던 열정으로 창작활동에 전념한다. 열대의 과일이 주는 원색의 강렬함과 생동감을 통해 고갱은 자신만의 고유한 색을 창조했으며, 자연이 주는 이국적인 풍요로움과 자연의 법칙에 순응하며 묵묵히 살아가는 원주민들의 순수한 삶은 고갱의 조각 작품과 그림 속에 그대로 스며들어 빛을 발했다. 그때 그린 그림이 바로 그 유명한 〈우리는 어디서 왔는가? 우리는 누구인가? 우리는 어디로 가는가? D'où venons-nous? Que sommes-nous? Où allons-nous?〉이다.

오른쪽 아래에 잠든 아기가 있으며, 왼쪽 아래에는 죽음을 눈 앞에 둔 노인의 모습이 보인다. 또, 가운데에는 건장한 청년이 과일을 따고 있다. 이 그림은 바로 탄생 그리고 삶과 죽음을 노래한 일종의 대서사시라고 할 수 있다. 그림을 그리는 동안 고갱은 지인에게 한 통의 편지를 쓴다.

> 자살에 대한 결심은 이미 지난 12월에 섰습니다. 하지만 죽기 전에 제가 머릿속에 구상 중이던 대작을 마쳐야 했기에, 밤낮을 가리지 않고 수개월 동안 열심히 그림을 그렸습니다. 그리는 내내 그토록 열이 난 적은 생전 처음이었습니다. 지금 몰골이 말이 아닙니다. 주변 사람들은 작품을 끝내지 말고 손을 놓으라고 하지만…

고갱, 유화, 보스턴 미술관, 1897~1898

이 작품에 대한 그의 애착과 열정이 얼마나 간절하고 강렬한지를 간접적으로나마 느낄 수 있는 편지다. 그래서 마치 마지막 유언을 대신하는 듯한 이 그림 속 이야기는 지금도 많은 사람에게 진리로 향한 길이 무엇인지를 다시 한 번 곰곰이 생각하게 한다. 삶과 죽음의 갈림길에서 수많은 번뇌와 고민 끝에 내린 고갱의 위대한 선택은 그래서 더 가치가 있을지도 모른다. 죽기 전에 고국 프랑스를 단 한 번만 찾았을 정도로 고갱은 타히티 섬과 주변 섬들을 사랑했다. 고갱은 말년을 마르키즈 제도(îles Marquises, 프랑스령 폴리네시아 Polynésie française)에 딸린 작은 섬 히바오아 Hiva Oa에서 지내며 이곳에서 생을 마감한다. 벨기에 태생의 샹소니에 자크 브렐 Jacques Brel과 나란히 그는 원시의 섬 히바오아를 지키며 지금도 이렇게 되뇌고 있을지도 모른다. "우리는 어디서 왔는가? 우리는 누구인가? 우리는 어디로 가는가?"

고갱, 『황색 그리스도가 있는 자화상』 유화, 오르세 미술관, 1889.

알아두면 유용한 속담
L'argent ne fait pas le bonheur. / 돈으로 행복을 살 수는 없다.

Leçon 2

자기소개 Enchanté !

Enchantée. Je m'appelle Juni Won.
Je suis coréenne.
Je suis étudiante en France depuis un mois.
J'aime beaucoup la France.
Le paysage est très joli et les Français sont très gentils.

Bonjour. Je m'appelle Paul.
Je suis français.
J'habite à Lyon avec mes parents.
J'aime le sport et la cuisine.
Voici mon frère, il s'appelle Pierre.
Il est professeur.
Et vous, comment vous appelez-vous?

Je m'appelle Robert.
J'habite à New-York.
Je suis américain mais je parle français.
Je suis célibataire.
Je suis musicien.
J'aime l'art mais je déteste le cinéma.

어휘 및 관용구

- **Je m'appelle~** 나의 이름은 ooo라고 해요.
- **s'appeler** v. 이름이 ~이다, 자신이 ~라고 불리다.
  주어와 같은 인칭의 대명사가 동사 앞에 놓여 [대명사 se+동사]가 되는 경우를 대명동사라고 한다. appeler 동사는 '누구를 부르다, 호출하다' 라는 의미를 갖는 반면 s'appeler는 '자신이 ~라 불리다', '이름이 ~이다' 라는 표현이다.
- **enchanté(e)** a. 매우 기쁜, 만족한 (Je suis) enchanté(e). 처음 뵙겠습니다.
- **être** v. ~이다, ~에 있다. (5과 문법 참조)
- **Corée** n.f. 한국
- **France** n.f. 프랑스
- **français(e)** a. 프랑스의, 프랑스인의 n.m. 프랑스어
- **coréen(ne)** a. 한국의, 한국인의 n.m. 한국어
- **et** conj. 그리고
- **étudiant(e)** n. 학생
- **depuis** prép. ~이래로, ~전부터
- **mois** n.m. 달, 월
- **paysage** n.m. 경치
- **joli(e)** a. 예쁜
- **gentil(le)** a. 친절한 (6과 문법 참조)
- **aimer** v. 좋아하다.
- **beaucoup** ad. 매우, 무척, 대단히
- **habiter** v. 살다, 거주하다.
- **avec** prép. ~와 함께, ~와 같이
- **parents** n. pl. 부모, 양친
- **sport** n.m. 운동
- **cuisine** n.f. 요리
- **voici** prép. 여기 ~이 있다, 이것이 ~이다.
- **mon** [소유 형용사] 나의 (7과 문법 참조)
- **frère** n.m. 형제, 형, 아우
- **professeur** n. 교수, 교사, 선생
- **américain(e)** a. 미국의, A~ n. 미국인
- **mais** conj. 그러나, 하지만, 그런데
- **parler** v. 말하다.
- **célibataire** a. 독신의
- **musicien(ne)** n. 음악가
- **art** n.m. 예술
- **détester** v. 싫어하다, 증오하다.
- **cinéma** n.m. 영화

문법

■ 관사

관사는 명사 앞에 쓰이는 한정사로서 그 형태와 용법에 따라 부정관사, 정관사, 부분관사로 구분되며 바로 뒤에 오는 명사의 성·수에 일치한다.

1. 부정관사

부정관사는 처음 소개하거나, 아직 지정되지 않은 막연한 사람이나 사물을 지칭하는 명사 앞에 사용된다. 남성단수형 **un**, 여성단수형 **une**는 '하나의'라는 의미이며, 복수형은 여성, 남성에 관계없이 **des**이며 '몇몇의'라는 뜻이 된다.

	남성 (m.)	여성 (f.)
단수 (s.)	un	une
복수 (pl.)	des	

예) un livre (책) / des livres (책들)　　une chaise (의자) / des chaises (의자들)
　　un arbre (나무) / des arbres (나무들)　　une école (학교) / des écoles (학교들)
　　un homme (남자) / des hommes (남자들)　　une femme (여자) / des femmes (여자들)
　　un garçon (소년) / des garçons (소년들)　　une fille (소녀) / des filles (소녀들)

• 명사 앞에는 반드시 관사를 넣어야 하며 이 관사로 명사의 성을 알 수 있다. 이때 각 명사에 부정관사를 붙여 암기하는 것이 효과적이다. 왜냐하면 정관사 le와 la는 모음이나 무음 h로 시작하는 명사 앞에서는 l'로 축약되므로 뒤에 오는 명사의 성을 구별할 수 없기 때문이다.

2. 정관사

정관사는 정해진 사람이나 사물을 나타내는 명사 앞에 쓰이는 관사로서, 남성단수형은 **le**, 여성단수형은 **la**이고 '그…'라는 뜻으로 사용한다. 복수는 여성, 남성에 관계없이 **les**이다.

	남성 (m.)	여성 (f.)
단수 (s.)	le (l')	la (l')
복수 (pl.)	les	

예) le stylo (만년필) / les stylos (만년필들)　　la porte (문) / les portes (문들)
　　l'oncle (아저씨) / les oncles (아저씨들)　　l'étoile (별) / les étoiles (별들)

• 정관사의 단수 형태 le나 la는 모음이나 무음 h로 시작되는 명사 앞에서는 l'로 축약된다.
　예) un oiseau → l'oiseau / une étudiante → l'étudiante / une horloge → l'horloge

- 용법
 1) 이미 지정된 사람이나 사물을 지칭할 때
    Voici la tante de Manon. (여기에 마농의 숙모 [고모, 이모]가 있다)
    C'est la table de Louis. (이것은 루이의 탁자이다)

 2) 명사가 그 종류 전체를 대표하는 총체적 뜻을 가질 경우
    J'aime la musique. (나는 음악을 좋아한다)
    Le cheval est un animal utile. (말은 유익한 동물이다)
    J'aime le thé. (나는 차를 좋아한다)
    Je n'aime pas le café. (나는 커피를 좋아하지 않는다)

 3) 이 세상에 유일한 것
    le soleil (태양), la terre (땅), la lune (달)

 4) 지명 등의 도시 이름 앞에서는 관사를 쓰지 않는다.
    Paris, Séoul

- 부정관사 복수형 des와 정관사 복수형 les의 자음 s는 발음하지 않는다. 그러나 모음이나 무음 h로 시작하는 명사 앞에서는 [z]로 발음되어 연독된다.
 예) des amis (친구들) / les étudiants (학생들)

■ 주어 인칭대명사

	단수	복수
1인칭	je (나는)	nous (우리들은)
2인칭	tu (너는)	vous (당신들은, 당신은)
3인칭	il (그는)	ils (그들은)
	elle (그녀는)	elles (그녀들은)

- 1인칭 단수 주어 je는 모음 또는 무음 h 앞에서 e가 생략되어 j' 형태가 된다.

- 2인칭 단수는 tu와 vous를 다 쓸 수 있다. tu는 손아랫사람이나 친구 혹은 가까운 사이에 친밀감을 나타내기 위해 사용하며 vous는 처음 보는 사람이나 예의를 지켜야 하는 관계에서 정중히 표현할 때 tu의 존칭으로 사용된다. 복수에서는 모두 vous를 사용한다.

- 3인칭의 il, ils, elle, elles은 사람뿐 아니라 사물이나 추상적 대상도 받을 수 있으며, 성·수에 따라 일치시키면 된다.
 예) Voici un homme. Il est grand. (여기 남자가 한 명 있다. 그 남자는 키가 크다)
    Voilà une voiture. Elle est rouge. (저기 자동차가 한 대 있다. 그것은 빨간색이다)

■ 소개문 (2) : voici / voilà + 명사

예) Voici un livre. (여기 책이 한 권 있다)
　　Voilà une école. (저기 학교가 하나 있다)

■ 속사문 : être + 무한정사 명사

예) Je suis étudiant. (나는 학생이다)
　　Il est professeur. (그는 교수다)
　　Elles sont musiciennes. (그녀들은 음악가들이다)

■ 1군 규칙동사의 현재 변화형 (voir p.50)

aimer				habiter			
j'	aime	nous	aimons	j'	habite	nous	habitons
tu	aimes	vous	aimez	tu	habites	vous	habitez
il / elle	aime	ils / elles	aiment	il / elle	habite	ils / elles	habitent

예) J'aime le sport. (나는 운동을 좋아한다)
　　Elle habite à Séoul. (그녀는 서울에 산다)

■ s'appeler 동사의 현재 변화형 (이름이 ...이다)

je	m'appelle	nous	nous appelons
tu	t'appelles	vous	vous appelez
il / elle	s'appelle	ils / elles	s'appellent

예) Comment vous appelez-vous? (당신의 이름은 무엇입니까?)
　　Je m'appelle Robert. (내 이름은 로버트입니다)

일상에서 자주 사용하는 표현

■ 상대방에게 자신을 소개할 때

① 이름

Bonjour, je m'appelle / je suis Yehoon Kim.
Comment tu t'appelles? Je m'appelle Paul Laurent.

상대방과 이름을 서로 주고받은 후의 대화
(Je suis) enchanté(e) / heureux(se) / content(e) / ravi(e) / de vous voir.
(Je suis) enchanté(e) de faire votre connaissance.
Ça fait plaisir de vous voir!
Enchanté(e)! (만나서 반가워요!)

② 직업을 나타내는 표현들

Quelle est votre profession? Je suis journaliste.

Qu'est-ce qu'il fait?

chanteur(se) (가수)   infirmier(ère) (간호사)   professeur (교수)
étudiant(e) (학생)   cuisinier(ère) (요리사)   médecin (의사)
mécanicien(ne) (정비공)   boulanger(ère) (제빵업자) pompier (소방관)
musicien(ne) (음악가)   acteur(actrice) (배우)   peintre (화가)

❸ 국가 - 사람 - 국적 형용사

Quelle est votre nationalité?   Je suis coréen(ne).

	La France	Français(e)	français(e)
	Les États-Unis	Américain(e)	américain(e)
	Le Canada	Canadien(ne)	canadien(ne)
	L'Italie	Italien(ne)	italien(ne)
	L'Angleterre	Anglais(e)	anglais(e)
	L'Espagne	Espagnol(e)	espagnol(e)
	La Chine	Chinois(e)	chinois(e)
	L'Allemagne	Allemand(e)	allemand(e)
	Le Japon	Japonais(e)	japonais(e)
	La Corée	Coréen(ne)	coréen(ne)

- 국가명에 연결되는 국적 형용사와 국민은 형태가 동일하다. 단, 국민을 가리키는 명사는 첫 글자를 대문자로 표시한다.

  예) Nous sommes coréens. Ce sont des Coréens.

- 국적 표현

  예) Je suis français(e).   Il est japonais.   Elle est américaine.   Vous êtes chinois(e)(s).

Exercices

I. 빈칸에 알맞은 관사를 넣으시오.

1) Voici _____ livre.   C'est _____ livre de Bernard.
2) Voilà _____ école.   C'est _____ école de Louis.
3) Voici _____ table.   C'est _____ table de M. Dupont.
4) Voilà _____ stylo.   C'est _____ stylo de Madeleine.
5) Voilà _____ enfants.   Ce sont _____ enfants de Mme Lee.

II. 다음 문장에 알맞은 관사를 넣으시오.

1) C'est _____ voiture.
2) C'est _____ livre de mon père.
3) Ce sont _____ pommes.
4) Isabelle est _____ femme de Philippe.
5) C'est _____ musée du Louvre.

III. être 동사의 현재형을 넣어 문장을 완성하시오.

1) Il _____ étudiant?   Oui, il _____ étudiant.
2) Vous _____ coréens?   Oui, nous _____ coréens.
3) Elles _____ de Paris?   Oui, elles _____ parisiennes.
4) Tu _____ américain?   Oui, je _____ américain.
5) Elle _____ journaliste? Oui, elle _____ journaliste.

IV. 다음 국가명에 해당하는 형용사의 남성형이나 여성형을 쓰시오.

1) la France   Il est _____.

2) la Chine   Elle est _____.

3) les États-Unis Ils sont _____.

4) la Corée   Elles sont _____.

5) le Japon   Elle est _____.

V. 다음 문장을 프랑스어로 옮기시오.

1) 나는 한국 사람입니다.

2) 그는 캐나다인이고 프랑스어를 합니다.

3) 당신의 이름은 무엇입니까?

4) 당신은 학생입니다.

5) 그녀는 배우입니다.

Voici 여기에 ~가 있다.　　　**Voilà** 저기에 ~가 있다.

Voici un homme.　　　**Voilà une femme.**
Voici un livre.　　　**Voilà une table.**

정관사는 원칙적으로 이미 언급했던 명사를 다시 언급할 때 명사 앞에 사용한다.

Voici un crayon.　　　**Le crayon est sur le livre.**
Voilà un banc.　　　**Le banc est dans le jardin.**

Documents

■ 샹송 LA CHANSON

조르주 브라센스(Georges Brassens)

대중 사이에 널리 불리는 가요를 뜻하는 샹송은 가사의 내용을 중요시하는 것이 특징이다. 샹송의 트로이카로 불리는 조르주 브라센스Georges Brassens, 자크 브렐Jacques Brel 그리고 레오 페레Léo Ferré, 세 사람이 한 자리에 모여 샹송에 대한 자신들의 견해를 밝힌 것이 매우 흥미로워 잠시 소개해 보고자 한다.

1969년은 프랑스 샹송의 세계에서 혹은 프랑스 문화계에서 특별한 해로 기억될 것이다. RTL 방송국의 진행자 프랑수아-르네 크리스티아니는 1월 8일 브라센스, 브렐과 페레를 동시에 한 마이크 앞에 앉히고 인터뷰하는 놀라운 일을 성사시켰다. 같은 테이블에 샹송의 대스타 세 사람을 동시에 앉힌다는 것은 상상할 수도 없는 일이었다. 이제 쉰세 살이 된 페레는 그의 커리어에서 중대한 전환점을 통과하여 68혁명 세대를 대표하는 가수이자 시인이 되었다. 그는 바리케이드 세대의 영웅이 된 것이었다. 이 인터뷰가 이루어질 즈음 그는 보비노에서 공연 중이었는데, 리사이틀은 저녁마다 인민 봉기를 일으킬 지경이었다. 아직 마흔 살이 되지도 않은 브렐은 셋 가운데 가장 젊은 나이였지만 샹송의 무대를 떠난 지 벌써 두 해가 되었다. 그는 이때 뮤지컬 코미디 〈라만차의 사나이〉에서 돈키호테 역을 맡아 잠시 다른 방식으로 무대로 복귀한 상태에 있었다. 브라센스는 마흔여덟 살이 되었고 거의 1년이 넘도록 무대에 서지 않았고 새로운 디스크도 펴내지 않았다. 1968년 5월, 일부 학생들이 바리케이드를 치고 치열하게 싸우는 동안 그는 신장산통 때문에 꼼짝을 못하고 있었다. 그러나 그는 무대로 복귀할 준비를 진행하고 있었다.

이 방송은 스튜디오에서가 아니라 리브 고슈의 한 아파트에서 진행되었다. 테이블 위에 마이크, 맥주, 담배, 시가가 놓이고, 테이블 주위에 세 가수와 사회자가 앉았다.

"조르주 브라센스, 당신은 자신이 시인이라고 여기지 않는군요?"

크리스티아니의 질문에 브라센스가 대답하였다.

"맞아요. 별로 시인이라 할 수 없지요. 나는 노래를 씁니다. 사람들은 내가 시인이라고들 말합니다. 그런데 나는 샹송을 만듭니다. 내가 시인인지는 잘 모르겠어요. 아마도 약간은 시인일 수도 있겠네요. 그렇지만 아무런 상관없는 일입니다. 나는 노래합니다. 나는 말과 음악을 섞어서 이를 노래하는 것이지요. 그러

자크 브렐(Jacques Brel)

레오 페레(Leo Ferré)

니 시인이란 것과 꼭 같다고 볼 수도 없지요."

"샹송을 만드는 장인이 적당한 말입니다."

브렐의 의견이었다. 여기에 페레가 이렇게 덧붙였다.

"자신이 시인이라고 말하는 사람들은요, 이 사람들은 진정한 의미에서 그리 시인이라고 볼 수 없어요. 사람들이 시인으로 부르며 칭송하는 이자들은 대개 아마추어 시인들이고, 자기 돈 들여서 시집을 내는 그런 사람들이지요."

"여러분들은 그러니까 샹송의 장인이나 샹소니에란 말씀이군요. 그렇다면, 샹송이란 무얼까요? 여러분들께 그것은 주류 예술인가요, 아니면 비주류 예술인가요? 또 아니면, 예술이기라도 한 걸까요?"

크리스티아니가 물었다.

"브라센스가 방금 중요한 말을 했어요. 말과 음악을 섞는다고 했습니다. 제가 하는 일이 바로 이것이에요. 정확한 정의입니다, 바로 이것이."

페레가 답하였다.

"그렇습니다. 샹송이란 것은요, 말과 음악이 섞인 것이고 이것이 노래로 불린 것이지요."

브라센스가 말했다. 브렐이 동의하였다.

"노래로 불린 것! 이게 샹송이에요!"

"일반적으로 시라고 부르는 것과 샹송은 완전히 다릅니다. 시는 읽혀지거나 혹은 말해지기 위해 만들어집니다. 샹송은 아주 다릅니다. 여기 있는 페레가 보들레르에 음악을 붙이곤 하지만, 우리를 앞서 간 시인들이 시구를 사용하듯이 우리가 전적으로 같은 방식으로 샹송을 사용한다고 할 수는 없습니다. 귀를 위해서 쓴다고 할 때는 조금 다른 어휘를, 다시 말해 훨씬 빨리 달라붙는 말을 사용해야만 합니다."

브라센스가 조심스럽게 덧붙였다.

- 장승일 지음, 『샹송을 찾아서』 중에서

Amusez-vous

프랑스의 음유시인 자크 프레베르 Jacques Prévert 의 「샹송」이라는 시이다. 함께 따라 읽으며 감상해 보자.

Chanson

Quel jour sommes-nous
Nous sommes tous les jours
Mon amie
Nous sommes toute la vie
Mon amour
Nous nous aimons et nous vivons
Nous vivons et nous nous aimons
Et nous ne savons pas ce que c'est que la vie
Et nous ne savons pas ce que c'est que le jour
Et nous ne savons pas ce que c'est que l'amour.

샹송

오늘이 며칠일까
우린 온 세월을 함께 살고 있지
그대여
우린 온 삶을 함께 살고 있지
내 사랑이여
서로 사랑하며 살아가고
살아가며 서로 사랑하지
하지만 우린 모르지 삶이 무엇인지
우린 모르지 세월이 무엇인지
우린 모르지 사랑이 무엇인지.

알아두면 유용한 속담
Loin des yeux, loin du cœur. / 눈에서 멀어지면, 마음에서도 멀어진다.

Leçon 3

고마움과 미안함을 나타내는 표현   S'il vous plaît !

A

Philippe   : Tu veux du café?
Nathalie   : Non merci. Moi, je préfère le thé.
Philippe   : Voici du thé.
Nathalie   : Merci beaucoup.
Philippe   : De rien.

B

Jean   : Oh pardon, mademoiselle! Excusez-moi!
Mlle Park   : Ce n'est rien, monsieur. Il n'y a pas de mal.
              (Plus tard)
Jean   : Je suis désolé, je suis en retard. Il y a des embouteillages partout.
Mlle Park   : Ce n'est pas grave!

C

La vieille dame : Mademoiselle, s'il vous plaît!
Marie   : Oui?
La vieille dame : Je cherche la gare du Nord.
Marie   : Mais, vous êtes chargée!
La vieille dame : Oui, elle est lourde, ma valise.
Marie   : Je passe près de la gare. Je vous aide?
La vieille dame : Ah, c'est très gentil, mademoiselle.
                  Merci beaucoup, vous êtes très aimable!
Marie   : Ce n'est rien, madame. C'est tout à fait normal.

어휘 및 관용구

- **merci** 감사, 감사합니다.
  - Merci bien. 정말 감사합니다.
  - Merci beaucoup. 매우 감사합니다.
  - Merci mille fois. 대단히 고맙습니다.
  - Merci infiniment. 매우 고맙습니다.
- **De rien** 천만에요, 아무것도 아니에요.
  - Je vous en prie. 천만에요, 괜찮아요.
- **Pardon!** 미안합니다!
  - Ce n'est pas grave. 별거 아니에요, 괜찮아요.
- **s'il vous plaît** 미안하지만, 실례지만 (약자는 S.V.P.)
  tu를 사용하는 친한 사이에서는 s'il te plaît라고 한다.
  무언가를 요청하거나 부탁할때 사용하는 표현
- **vouloir** v. 원하다.
- **café** n.m. 커피
- **préférer** v. 더 좋아하다, 선호하다.
- **thé** n.m. 차
- **beaucoup** ad. 많이, 매우
- **mademoiselle**
  n.f. (미혼 여성에 대한 경칭) 아가씨, ~양 (약자는 Mlle)
- **s'excuser** v. 사과하다, 용서를 구하다.
- **désolé(e)** a. 미안한, 유감스러운
- **retard** n.m. 늦음, 지각
  - être en retard 늦다, 지각하다.
- **avoir** v. 가지다, 소유하다. (5과 문법 참조)
- **il y a** [비인칭구문] (사람·사물이) 있다.
- **embouteillage** n.m. 혼잡, 막힘
- **partout** ad. 사방에, 도처에
- **chercher** v. 찾다.
- **gare** n.f. 역
- **nord** n.m. 북, 북쪽 (동 : est, 서 : ouest, 남 : sud, 북 : nord)
- **mais** conj. 그러나, 하지만, 그런데
- **chargé(e)** a. 짐이 가득한
- **lourd(e)** a. 무거운
- **valise** n.f. (여행용) 가방

- **moi** [1인칭 단수 강세형] 나
- **passer** v. 지나가다.
- **près** ad. 가까이에
  - près de (공간)~ 가까이에, 가까운 곳에
- **aider** v. 돕다.
- **gentil(le)** a. 친절한
- **très** ad. 아주, 매우
- **aimable** a.사랑스러운, 상냥한, 친절한
- **rien** [부정대명사] 아무것도 (부정문에서 ne와 함께)
  - ce n'est rien ad.별것 아니다, (무시해도) 괜찮다.
- **tout à fait** ad. 완전히, 대단히, 매우
- **normal(e)** a. 정상의, 당연한

문법

■ 부분관사

프랑스어에는 정관사, 부정관사 이외에 제3의 관사로 부분관사가 있다. 부분관사는 셀 수 없는 명사 앞에서 '약간의', '어느 정도의'라는 의미를 지니며, 구체적으로 정해지지 않은 양을 표현한다.

	남성 (m.)	여성 (f.)
단수 (s.)	du(de l')	de la(de l')
복수 (pl.)	des 	

예) Il mange du pain. (그는 빵을 먹는다) Je bois de l'eau. (나는 물을 마신다)
   Elle boit du café. (그녀는 커피를 마신다)

- 모음 또는 무음 h 앞에서 du나 de la는 de l'의 형태가 된다.
  예) de l'eau (물) / de l'huile (기름) / de l'esprit (정신)

■ 부정문 : ne + 동사 + pas

예) Je ne suis pas étudiant. (나는 학생이 아니다) Ce n'est pas grave. (심각하지 않아요/괜찮아요)

■ 강세형 인칭대명사

강세형 인칭대명사는 일반적으로 문장의 주어 인칭대명사를 강조할 때 쓰인다.

	주어 인칭대명사	강세형 인칭대명사
단수	je	moi
	tu	toi
	il / elle	lui / elle
복수	nous	nous
	vous	vous
	ils / elles	eux / elles

■ 직접보어 인칭대명사

me (m') 나를	nous 우리를
te (t') 너를	vous 당신(들)을, 너희들을
le (l') / la (l') 그(그녀)를, 그것을	les 그(녀)들을, 그것들을

예) Je t'aime. (나는 너를 사랑해)   Je vous aide? (당신을 도와 드릴까요?)

■ 소개문 (3) : Il y a + 부정관사 명사

예) Il y a un livre sur la table. (책상 위에 책이 한 권 있다)

■ 기수사

1	un	21	vingt et un	90	quatre-vingt-dix
2	deux	22	vingt-deux	91	quatre-vingt-onze
3	trois	30	trente	92	quatre-vingt-douze
4	quatre	31	trente et un	100	cent
5	cinq	32	trente-deux	101	cent un
6	six	40	quarante	102	cent deux
7	sept	41	quarante et un	200	deux cents
8	huit	42	quanrante-deux	201	deux cent un
9	neuf	50	cinquante	202	deux cent deux
10	dix	51	cinquante et un	210	deux cent dix
11	onze	52	cinquante-deux	1,000	mille
12	douze	60	soixante	1,001	mille un
13	treize	61	soixante et un	2,000	deux mille
14	quatorze	62	soixante-deux	만	dix mille
15	quinze	70	soixante-dix	십만	cent mille
16	seize	71	soixante et onze	백만	un million
17	dix-sept	72	soixante-douze	천만	dix millions
18	dix-huit	80	quatre-vingts	억	cent millions
19	dix-neuf	81	quatre-vingt-un	십억	un milliard
20	vingt	82	quatre-vingt-deux	조	un billion

- vingt(20)의 4배수인 quatre-vingts(80)의 경우와 cent(100)의 배수들(200, 300, 400, … 900)인 경우에는 **s**를 붙인다. 그러나 vingt과 cent의 뒤에 다른 숫자가 올 경우에는 **s**를 붙이지 않는다.

예) quatre-ving**ts** (80)   quatre-vingt-deux (82)   quatre-vingt-onze (91)
    deux cent**s** (200)   deux cent trente (230)   trois cent cinquante (350)

- mille은 복수형이 없다.
예) deux mille étudiants, sept mille euros

- million(백만)과 milliard(십억)는 명사이므로 복수형이 있다. 뒤에 명사가 잇따를 때는 전치사 de로 연결한다.
예) deux millions d'habitants

일상에서 자주 사용하는 표현

■ 고마움 혹은 미안한 감정을 나타낼 때

① 고마움의 표현

Merci bien. / Merci beaucoup. / Je vous remercie.
Merci infiniment.
Merci mille fois.
C'est très gentil de votre part.
Vous êtes très aimable.

고마움을 표시하는 상대방에게 할 수 있는 표현

Il n'y a pas de quoi.
Ce n'est rien.
De rien.
Je vous en prie.
C'est tout à fait normal.

② 미안함의 표현

Excusez-moi.
Je m'excuse.
Pardon.
Désolé(e).

미안함을 표시하는 상대방에게 할 수 있는 표현

Ce n'est pas grave.
Il n'y a pas de mal.
Ce n'est rien.
Je vous en prie.

Exercices

I. 알맞은 인칭대명사를 넣어 대화를 완성하시오.

1) Pierre, _____ vas bien? Pas mal, merci. Et _____ ?

2) Au revoir, madame. Bonne journée! _____ aussi. À demain!

3) _____, je suis professeur.

4) _____, nous sommes étudiants.

5) _____, il est gentil.

II. 주어진 동사를 알맞은 현재형으로 변화시키시오.

1) Il _____ du vin. (vouloir)

2) Je ne _____ pas étudiant. (être)

3) Nous _____ la place de la Concorde. (chercher)

4) Tu _____ les fleurs? (aimer)

5) Vous _____ le thé? (préférer)

III. 다음 질문에 대답하시오.

1) Qui est-ce? (acteur français)

2) Qu'est-ce que c'est? (voiture)

3) Qu'est-ce qu'il y a sur la table? (cahier)

4) Qu'est-ce que c'est? (stylos)

5) Qu'est-ce qu'il y a dans le sac? (clés)

IV. 다음 문장에 알맞은 관사를 넣으시오.

1) Elle veut _____ eau.

2) Je veux _____ vin.

3) Vous voulez _____ café?

4) Nous voulons _____ pain.

5) Je veux _____ bière.

V. 보기에서 골라 대화를 완성하시오.

보기) s'il vous plaît, enchanté, m'appelle, pardon, suis

A: Bonjour, mademoiselle.

B: Bonjour, monsieur. Vous êtes monsieur Souiller?

A: Non, je _____ René Lachaise.

B: Oh _____, monsieur Lachaise. Enchantée.

   Je _____ Isabelle Robinet.

A: Je suis _____ de faire votre connaissance.

B: Vous voulez du café ou du thé?

A: Du café, _____!

VI. 아래의 숫자를 계산하여 답을 프랑스어로 적으시오.

1) Sept plus trois égale _____.

2) Un plus six égale _____.

3) Deux plus deux égale _____.

4) Cinq plus quatre égale _____.

5) Trois plus cinq égale _____.

Il y a ~가 있다.

Il y a un livre sur la table. (책상 위에 책이 한 권 있다)
Il y a sept jours dans une semaine. (일주일은 7일이다)
Il y a des étudiants dans la salle. (교실에는 학생들이 있다)
비인칭 구문으로 장소 표현이 뒤따른다.

Documents

■ 향수 LE PARFUM

인간이 최초로 향을 사용한 것은 4,000~5,000년 전으로, 이집트나 그리스 등지에서 종교적 의식이나 질병 퇴치를 위해 신에게 제사를 지내는 데서 비롯되었다고 한다. 가뭄이나 홍수 등 자연재해가 일어났을 때, 제사장은 신의 노여움을 잠재우기 위해 제를 올렸으며, 이때 백단향을 태워 향을 피우기 시작했다. 때문에 투탕카멘이 잠들어 있던 이집트의 룩소르와 로마의 카라칼라의 욕탕에도 지금과는 다른 형태의 향수가 늘 함께 있을 수밖에 없었다.

프랑스에서는 1190년 국왕 필립 오귀스뜨 Philippe Auguste 가 향수 제조업을 공식적으로 허가하자, 13세기 초 파리에서 향수 판매상들이 등장하기 시작했다. 이후 앙리 2세가 집권하면서 향수 제조와 판매는 프랑스의 중요한 산업으로 자리 잡게 되는데, 이탈리아 출신의 왕비 까트린 드 메디시스 Catherine de Médicis 가 프랑스로 오면서 데려온 그녀의 전담 향수 판매상이었던 르네 르 플로랑땡 René le Florentin 이 파리에 가게를 열면서 쌩 또노레 Saint Honoré 거리에 향수 전문점들이 점차 생겨나기 시작했다. 마리 앙뚜와네뜨 Marie-Antoinette 가 고용했던 향수의 제조가인 우비강 Houbigant 도 이때 파리에 향수 전문점을 열었다. 1775년 우비강이 파리에 최초의 향수 공장을 세웠으며, 1834년에는 동식물로부터 향을 추출하는 데 성공했다. 약 3,000여 개의 합성향료가 생산되면서 제품이 다양해지고 가격도 저렴해져 대중들에게 보급되기 시작했다. 그러나 향수가 본격적으로 대중들에게 사랑을 받게 되는 시기는 20세기로, 이때는 여성들의 사회 진출과 권리 회복에 따라 사회상을 반영하는 패션의 경향 때문에 향수의 황금기라고 할 수 있다. 특히 '광란의 20년대'로 대변되는 이 시기는 1차 세계대전 직후 풍요로운 라이프스타일에 열광하던 때였으며, 당시 향수는 시대의 판타지와 욕망을 정확히 포착해낸 상품이었다. 이 당시 조향사에 의해 만들어진 대표적 향수가 바로 CHANEL No.5이다.

1952년, 한 기자가 톱스타 메릴린 먼로에게 침대에서 무엇을 입느냐고 물었을 때, 먼로의 답변은 모두를 경악케 할 정도로 신선한 충격 그 자체였다. "난 아무것도 입지 않아요. 오직 몇 방울의 CHANEL No.5뿐이죠."

CHANEL No.5

메릴린 먼로

CHANEL No.5는 1921년 패션 디자이너 가브리엘 샤넬(Gabrielle Chanel, 1883~1971, 흔히 꼬꼬 샤넬Coco Chanel로 불리고 있다)에 의해 탄생한 이래, 지금까지 가장 섹시한 향수 중 하나로 꼽히고 있으며, 전 세계에게 30초마다 한 병씩 팔리는 등 매년 1억 달러의 매출을 올리고 있다. "5월, 계곡에 피어 있는 백합꽃 향기에서는 아이들의 손 냄새가 난다"라고 말한 Coco는 남들이 가지지 못한 천부적인 후각을 지니고 있었던 것이다. 팝아티스트 앤디 워홀은 이 향수병을 소재로 실크 스크린 연작을 만들기도 했다.

이 이외에, 게를랭사의 '샬리마르SHALIMAR'는 아름다운 왕비와의 사랑을 위해 세운 마법의 궁전을 이미지화해 만든 향수이고, 까롱사의 '네메 끄 무아(N'AIMEZ QUE MOI, 나만을 사랑해줘요)', 디올의 정열적이고 독창적인 '뿌아종(POISON, 독)', 그리고 그리스 신화 속의 여전사를 이미지화해 만든 에르메스의 '아마존AMAZONE' 등 우리의 마음을 유혹하는 향수들은 너무나도 많아 그 수를 일일이 열거할 수 없을 정도다.

따라서 전통적인 아로마인 장미, 재스민, 일랑일랑 그리고 백단향과 인공 합성물 알데이드의 절묘한 조합 그 이상으로 프랑스 향수 속에는 프랑스인의 문화와 자존심이 담겨 있다. 현재 프랑스에서는 두 명의 남성 중 한 명이, 열 명의 여성 중 아홉이 향수를 사용한다고 한다. 급속한 소비와 함께 프랑스 향수 제조법은 신의 경지를 넘어섰다는 평을 듣기도 한다. 이제 인간은 자연의 향을 담는 것은 물론, 인간 내면의 세세한 감정과 삶의 이야

앤디 워홀 CHANEL No.5

N' AIMEZ QUE MOI

SHALIMAR

POISON

AMAZONE

기마저 담고 있기 때문이다. 흔히 파리를 향수를 제조한 곳으로 알기 쉽다. 하지만 제조할 수 있었던 곳은 극히 일부였으며, 파리는 주로 향수 판매상들이 있던 곳이다. 향수를 최초로 체계적으로 연구 개발한 곳은 프랑스 남부 지중해 연안의 작은 도시 그라스Grasse다. 가죽 산업이 번창하던 시절, 가죽의 역한 냄새를 없애기 위한 목적으로 개발되기 시작한 향수는 이곳을 중심으로 급속히 발전하게 되는데, 이곳에는 지금까지 500년이 넘도록 향수 산업을 계승해 온 가문도 있다. 전 세계 조향사들로부터 '향수의 요람'이라 불리며 향수의 본고장으로 각인되어 있는 것도 이 같은 이유다.

 2008년, 그라스에 있는 세계향수박물관을 재개관하면서 박물관 문화재 담당관인 Marie-Christine Grasse는 향에 대해 다음과 같이 말했다.

 "프랑스의 주도로 유행을 선도하거나 명품으로 향 산업을 성장시켰다는 것만이 단지 향의 역사라고 할 수는 없을 것입니다. 고대로부터 향은 환자의 병을 치료하는 치료제로서, 여성의 아름다움을 위한 미용제로서, 음식의 맛을 더해주는 요리의 재료로서, 그리고 신과의 소통을 위한 성스러운 매개체로서 사용됐습니다."

 향 역사의 시발점이 어찌 고대였겠는가. 그 같은 생각은 아마도 인간의 편견과 오만에서 출발했을 것이다. 인류의 역사가 시작되기 전부터 향은 지구상에 존재했을 것이다. 그리고 인류가 사라진다 해도 향은 대지 위를 촉촉이 적시는 미립자로서 여전히 누군가를 기다리며 자신의 자태를 뽐내고 있을 것이다.

그라스의 마을 정경

Musée International de La Parfumerie de Grasse의 일부

Coup d'œil

1985년 발간되자마자 전 세계 독자를 사로잡았던 독일 작가 파트리크 쥐스킨트 Patrick Süskind 소설 『향수』는 향을 내는 향료를 조합해서 만든 향수라는 이색적인 소재에서 끌어낸 작가의 기발한 상상력과 사랑에 대한 식인적 미학을 담고 있다. 1738년, 비린내 나는 생선 좌판대 아래에서 태어난 장-바티스트 그르누이 Jean-Baptiste Grenouille 는, 마치 진흙 속에서 피어난 연꽃처럼 아이러니하게도 냄새에 관한한 천재적인 후각 능력을 지니고 태어난다. 향수로 세상을 지배하게 되는 과정을 그린 기상천외한 이 소설은, 지상 최고의 향수를 만들기 위해 스물다섯 번에 걸친 살인도 마다하지 않는 주인공 그르누이의 악마적인, 그러나 한편으로는 천진스럽기조차 한 짧은 일대기가 향수라는 고혹한 향 내음과 함께 흥미진진하게 펼쳐진다. 2006년에는 영화화되기도 했다. 다음은 소설 속에 나오는 인상적인 구절들이다.

"그르누이는 냉정한 시선으로 그라스를 내려다보았다. 그가 여기 온 목적은 단 한 가지, 향기를 얻는 몇몇 기술을 그 어디보다 잘 배울 수 있는 곳이라고 들었기 때문이다. 그는 주머니에 든 향수병을 꺼내 자신이 만든 향수를 아껴가면서 뿌렸다."

— 소설 『향수』 중에서

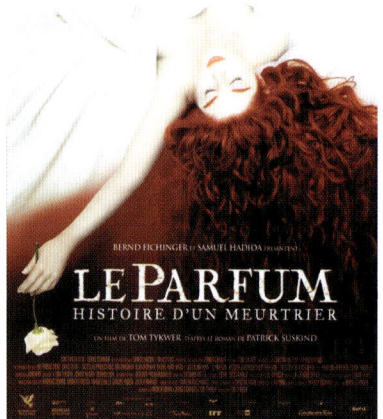

영화 『향수』의 포스터

"Qui maîtrisait les odeurs, maîtrisait le cœur de l'humanité."
(향수를 지배하는 자가 인간의 마음을 지배한다)
"Notre langage ne vaut rien pour décrire le monde des odeurs."
(우리의 언어로는 결코 향수의 세계를 그려낼 수 없다)

알아두면 유용한 속담
Trop est pire que peu.   /   *지나침은 부족함만 못하다.*

Leçon 4

축하와 기원을 나타내는 표현   Félicitations !

Brigitte	: J'ai une nouvelle à vous annoncer!
Christophe	: Bonne ou mauvaise?
Brigitte	: Une bonne nouvelle!
	En avril, Serge et moi, nous nous marions.
Christophe	: C'est vrai? Toutes mes félicitations!

Jacques	: Salut! Pierre. Où vas-tu?
Pierre	: Je vais au cinéma. Tu viens avec moi?
Jacques	: Non merci. Je vais à la fête d'anniversaire de Vincent ce soir.
Pierre	: Ah bon! Bonne soirée!
Jacques	: Merci. Amuse-toi bien.
Pierre	: Toi aussi.

Claire	: Tu viens d'où?
Paul	: Je viens de la bibliothèque. Il y a un examen d'anglais demain.
Claire	: Alors, bon courage et bonne chance pour l'examen.
Paul	: Au fait, tu es libre demain soir?
	On sort ensemble après l'examen?
Claire	: D'accord. Je finis demain après-midi. Est-ce que je peux amener Sophie avec moi? Elle aime bien sortir et elle adore le théâtre.
Paul	: Bien sûr. C'est une bonne idée.

어휘 및 관용구

- **Bonne soirée!** 좋은 저녁 시간 되세요!
- **Bonne nuit!** 좋은 밤 되세요!(잠들기 전에)
- **Bonne année!** 새해 인사
- **Bon week-end!** 좋은 주말 되세요!
- **Bon courage!** 힘내세요.!
- **Bon appétit!** 맛있게 드십시오!
- **Bonne chance!** 행운을 빌어요!
- **Bonne santé!** 건강을 빌어요!
- **santé** n.f. 건강, 우리나라의 건배에 해당하는 말로, À votre santé!(당신의 건강을 위하여!) 또는 그냥 Santé!라고 말하며, 단숨에 잔을 비우자는 말은 'faire cul sec'의 생략문인 Cul sec! (자, 잔을 단숨에 비웁시다!)이라고 표현한다.
- **nouvelle** n.f. 소식
- **annoncer** v. 알리다.
- **bon(ne)** a. 좋은
- **mauvais(e)** a. 나쁜
- **se marier** v. 결혼하다.
- **avril** n.m. 4월
- **vrai(e)** a. 참된, 진실한, 사실의
- **félicitations** n.f. (복수) 축하, 축사
- **aller** v. 가다.
- **venir** v. 오다.
- **où** ad. 어디에, 어디로
- **d'où** ad. 어디로부터, 어디 출신의
- **cinéma** n.m. 영화관
- **fête** n.f. 축제
- **anniversaire** n.m. 생일
- **soirée** n.f. 저녁 시간
- **soir** n.m. 저녁
- **s'amuser** v. 즐기다, 놀다.
- **bibliothèque** n.f. 도서관
- **examen** n.m. 시험
- **anglais(e)** a. 영국의, 영어의 n.m. 영어
- **demain** ad. 내일

- **courage** n.m. 용기
- **Bon courage!** 힘내세요!
- **chance** n.f. 운, 행운
- **au fait** (문두에서) 그런데, 요컨대
- **libre** a. 자유로운, 한가한
- **sortir** v. 나가다, 외출하다.
- **ensemble** ad. 함께, 같이
- **après** prép. ~후, ~뒤, 다음에
- **d'accord** 동감이에요, 좋습니다.
- **finir** v. 끝나다.
- **après-midi** n.m. 오후
- **pouvoir** v. ~할 수 있다.
- **amener** v. 데리고 가다. (오다)
- **adorer** v. 매우 좋아하다.
- **théâtre** n.m. 연극
- **bien sûr** 물론
- **idée** n.f. 생각
- **C'est une bonne idée.** 좋은 생각이다.

문법

■ 동사 활용 (Conjugaison)

프랑스어의 동사는 주어의 인칭과 수에 따라 형태가 변하는데 이것을 동사의 활용이라고 한다.
동사를 사전에서 찾으려면 어미가 변하지 않은 원형으로 찾아야 한다. 각 동사의 원형을 부정법(infinitif)이라고 한다.

1. 1군 규칙동사의 직설법 현재

프랑스어의 동사는 크게 세 그룹으로 구분한다.
1군 규칙동사 (**er**형), 2군 규칙동사 (**ir**형), 3군 불규칙동사

- 1군 규칙동사 **er**형

je	-e	nous	-ons
tu	-es	vous	-ez
il / elle	-e	ils / elles	-ent

- 1군 규칙동사는 동사원형이 **er**로 끝나며 직설법 현재형은 동사원형의 어미 **er**을 뺀 자리에 **e**, **es**, **e**, **ons**, **ez**, **ent**를 붙여 활용한다.

parl**er** (말하다)		aim**er** (좋아하다)		regard**er** (보다)	
je	parl**e**	j'	aim**e**	je	regard**e**
tu	parl**es**	tu	aim**es**	tu	regard**es**
il / elle	parl**e**	il / elle	aim**e**	il / elle	regard**e**
nous	parl**ons**	nous	aim**ons**	nous	regard**ons**
vous	parl**ez**	vous	aim**ez**	vous	regard**ez**
ils / ells	parl**ent**	ils / elles	aim**ent**	ils / elles	regard**ent**

- 주어 인칭대명사 je는 모음이나 무음 h로 시작하는 동사(aimer, habiter) 앞에서 j'로 축약된다.
- 일반적으로 발음이 되지 않는 nou**s**, vou**s**, il**s**, elle**s**의 **s**가 연음에 의해 [z]로 발음된다.
- 1군 규칙동사의 활용어미 **e**, **es**, **ent**는 모두 무음으로 발음하지 않는다. 따라서 1 / 2 / 3인칭 단수형과 3인칭 복수형은 발음이 동일하다.
  예) Qu'est-ce que tu aim**es**? J'aim**e** la musique. Ils aim**ent** le sport.

2. 2군 규칙동사의 직설법 현재

2군 규칙동사는 동사원형이 **ir**로 끝나는 동사이며, 직설법 현재 활용 형태는 동사원형의 어미 **ir**을 뺀 자리에 **is**, **is**, **it**, **issons**, **issez**, **issent**를 붙여 만든다.

- 2군 규칙동사 **ir**형

je	-is	nous	-issons
tu	-is	vous	-issez
il / elle	-it	ils / elles	-issent

fin**ir** (끝내다)		chois**ir** (선택하다)		réuss**ir** (성공하다)	
je	fin**is**	je	chois**is**	je	réuss**is**
tu	fin**is**	tu	chois**is**	tu	réuss**is**
il / elle	fin**it**	il / elle	chois**it**	il / elle	réuss**it**
nous	fin**issons**	nous	chois**issons**	nous	réuss**issons**
vous	fin**issez**	vous	chois**issez**	vous	réuss**issez**
ils / elles	fin**issent**	ils / elles	chois**issent**	ils / elles	réuss**issent**

- ir로 끝나는 동사는 대부분 2군 규칙동사이나 3군 불규칙동사에 속하는 것들도 있다.
  (venir / sortir / tenir / ouvrir / courir 등)

3. 중요한 불규칙동사

aller (가다)

je	vais	nous	allons
tu	vas	vous	allez
il/elle	va	ils/elles	vont

venir (오다)

je	viens	nous	venons
tu	viens	vous	venez
il / elle	vient	ils / elles	viennent

■ 정관사의 축약

정관사의 남성단수 le와 남성, 여성복수 les는 앞에 전치사 à나 de 가 오면 축약되어 한 형태를 이룬다. 그러나 정관사의 여성단수 la와 정관사 l'는 축약되지 않는다.

(1) 전치사 à와 정관사의 축약

à + le → **au**	Je vais au cinéma.
à + la → à la	Il va à la gare.
à + l' → à l'	Nous allons à l'école.
à + les → **aux**	Ils vont aux États-Unis.

(2) 전치사 de와 정관사의 축약

de + le → **du**	Je viens du cinéma.
de + la → de la	Il vient de la gare.
de + l' → de l'	Nous venons de l'école.
de + les → **des**	Ils viennent des États-Unis.

■ 간접보어 인칭대명사

me (m') 나에게	nous 우리에게
te (t') 너에게	vous 당신(들)(너희들)에게
lui 그(녀)에게	leur 그(녀)들에게

예) Je vous annonce une bonne nouvelle. (나는 당신에게 좋은 소식을 알립니다)

■ 의문사 où / d'où

예) Où vas-tu? Je vais à Paris.
  Où est Sophie? Elle est à la cafétéria.
  D'où viens-tu? Je viens de la bibliothèque.

■ 의문문

(1) 상승 억양 : 주어 + 동사?

  예) Vous êtes français? Tu viens avec moi?

(2) 인칭대명사의 도치 : 동사 - 주어?

  예) Êtes-vous français? Où vas-tu? Où est-il?

(3) Est-ce que 의문문 : Est-ce que + 주어 + 동사?

  예) Est-ce que vous êtes français?
  Est-ce que je peux amener Sophie?

일상에서 자주 사용하는 표현

■ 축하 혹은 기원을 나타낼 때

1 축하의 표현

Félicitations!
Toutes mes félicitations!
Je vous félicite.(Je te félicite.)
Chapeau! (잘한다! 좋았어!)
Bravo!

2 기원의 표현

Bon appétit! (식사 전 '많이 드십시오!'의 뜻)
À votre santé! (음료를 마시기 전 축배를 들 때 '당신의 건강을 위하여'의 뜻)
À la vôtre! (당신의 건강을 위하여!)
Tchin, tchin! (건배!)
Bon courage! (기운 내, 힘내!)
Bonne chance! (행운을 빌어!)
Bon voyage! (즐거운 여행 하세요!)
Bonnes vacances! (즐거운 방학 되세요!)
Bonne année! (새해 복 많이 받으세요!)
Bon anniversaire! (생일 축하합니다!)
Joyeux Noël! (축 성탄!)

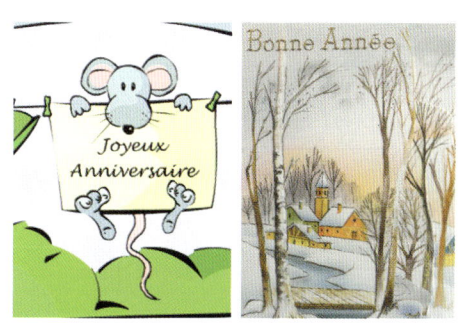

③ 월(mois)에 대한 표현

En quel mois sommes-nous? (지금은 몇 월 입니까?)
Nous sommes en avril. (4월입니다)

• Les mois de l'année (12달)

janvier (1월)	février (2월)	mars (3월)	avril (4월)
mai (5월)	juin (6월)	juillet (7월)	août (8월)
septembre (9월)	octobre (10월)	novembre (11월)	décembre (12월)

참고로, 프랑스의 축제일은 부활절이나 만성절과 같이 종교와 관계된 축제가 많고 국경일로 간주된다. 법정 국경일에는 1월 1일(Jour de l'An), 부활절(Pâques), 5월 1일 노동절(Fête du Travail), 5월 8일 종전 기념일(Armistice 1945), 예수 승천 축일(Ascension), 성령 강림 축일(Pentecôte), 7월 14일 대혁명 기념일(14 Juillet Fête Nationale), 성모 마리아 승천 축일(Assomption), 11월 1일 만성절(Toussaint), 11월 11일 1차 세계대전 휴전 기념일(Armistice 1918), 12월 25일 성탄절(Noël)이 있다.

janvier	Jour de l'an (le 1er)
mars	Pâques
mai	Fête du Travail (le 1er) Armistice 1945 (le 8)
juin	Pentecôte
juillet	Fête Nationale (le 14)
août	Assomption (le 15)
novembre	Toussaint (le 1er) Armistice 1918 (le 11)
décembre	Noël (le 25)

Exercices

I. 주어진 동사를 알맞은 현재형으로 변화시키시오.

1) Je _____ français et anglais. (parler)

2) Les vacances _____ demain. (finir)

3) Mon frère _____ à l'examen. (réussir)

4) Ils _____ au théâtre. (aller)

5) Elles _____ de Marseille. (venir)

6) Vous _____ à Paris? (habiter)

7) Tu _____ comment? (s'appeler)

8) Qu'est-ce qu'ils _____? (regarder)

9) Vous _____ une voiture. (choisir)

10) Il _____ l'opéra mais il _____ le sport. (aimer / détester)

II. 다음 답이 나오도록 질문을 만드시오.

1) _____? De la bibliothèque.

2) _____? Il va au Luxembourg.

3) _____? Elle vient du laboratoire.

4) _____? Je suis à la cafétéria.

5) _____? Nous allons à l'université.

III. 아래의 보기에서 적당한 답을 골라 넣으시오.

보기) **au, à la, à l' / du, de la, de l'**

1) Je vais _____ école.

2) Tu viens _____ gare?

3) Vous venez _____ hôpital?

4) Elles vont _____ café.

5) Ils viennent _____ musée.

IV. aller 동사를 알맞은 현재형으로 변화시키시오.

1) Ils _____ au cinéma.

2) Nous _____ à l'église.

3) Elle _____ à l'Opéra.

4) Vous _____ à la poste?

5) Comment _____ -tu?

V. 프랑스어로 옮기시오.

1) 나는 도서관에 갑니다.
2) 힘내세요!
3) 당신은 영화관에 갑니까?
4) 좋은 저녁 시간 보내세요.
5) 맛있게 드세요!

 **En quel mois sommes-nous?** (지금은 몇 월입니까?)
Nous sommes en mai. (5월입니다)
Nous sommes au mois d'octobre. (10월입니다)
Les mois de l'année : janvier, février, mars, avril, mai, juin, juillet, août, septembre, octobre, novembre, décembre

Documents

■ 포도주 LE VIN

프랑스인들의 포도주론을 단적으로 표현하는 말이 있다.

"Toucher au vin en France, c'est comme toucher à la religion. C'est tabou (프랑스에서 포도주 문제를 건드리는 것은 마치 종교 문제를 건드리는 것과 마찬가지로 금기시되어 있다)."

이는 포도주에 관한 문제가 과연 신이 존재하느냐 존재하지 않느냐와 같은 미묘한 종교 문제처럼 복잡성을 띠고 있다는 의미도 되겠지만, 포도주에 관한 여러 다양한 문제 역시 종교 문제처럼 답이 없거나 인간이 답할 수 없는 신의 영역이라는 것을 의미한다고 할 수 있을 것이다. 아무튼 포도주에 대해 이야기하는 것 자체가 마치 신에게 불경죄를 짓듯, 프랑스인들에게는 불손하고 꺼림칙한 일이다. 따라서 프랑스인들에게 포도주는 경외의 대상이라고 할 수 있다.

프랑스에서는 거의 전 국토에서 포도를 재배하고 있다. 그러나 프랑스 정부는 일정 면적 이상으로 포도를 재배해 포도주를 제조, 저장할 수 있는 시설을 갖춰 포도원의 이름을 붙일 수 있는 곳을 원산지 등록법(AOC, Appellation d'Origine Contrôlée)에 따라 통제하고 있다. 이는 포도주의 지역적 특성을 최대한 살리고 포도주의 품질을 유지, 개선하는 데 그 목적을 두고 있다. 그 결과, 2010년 프랑스는 이탈리아, 스페인을 제치고 전 세계 최대의 포도주 생산국이 됐으며, 세계 3위의 포도주 수출국의 위치를 차지하고 있다. 흔히 AOC가 포도주 한 품목에만 국한된 것으로 아는 사람들이 많지만 치즈, 과일, 채소, 유제품, 꿀 등 지역 고유의 상품이라면 모두 이에 해당된다. 즉, AOC가 붙은 상품은 곧 정부에서 지역의 특산품이라는 것을 인증해주는 제도라 할 수 있다. 그러나 2011년을 마지막으로 AOC 제도는 포도주를 제외하고는 모두 기존의 유럽연합이 사용해온 AOP(Appellation d'Origine Protégée), 즉 원산지 보호법에 통합되어 현재 AOC 제도는 사라진 상태이다.

포도주를 생산하는 곳을 지역별로 구분해 보면, 프랑스 남서쪽 대서양 연안의 보르도Bordeaux, 동부 내륙의 부르고뉴Bourgogne, 동북부 랭스Reims를 중심으로 한 샹빠뉴Champagne, 스위스 알프스 산맥이 발원지인 론Rhône 강을 중심으로 한 발레 뒤 론Vallée du Rhône, 중서부 루아르Loire 강 주변의 발레 드 라 루아르Vallée de la Loire, 동북부 독일과의 접경지역인 알자스Alsace, 남동부의 프로방스Provence, 남부 스페인과 접경지역인 랑그독 루시용Languedoc-Roussillon, 동남부 스위스와의 접경지역인 쥐라Jura 등으로 나누어 볼 수 있다. 오른쪽은 지역별 프랑스 포도 산지를 표시한 그림이다.

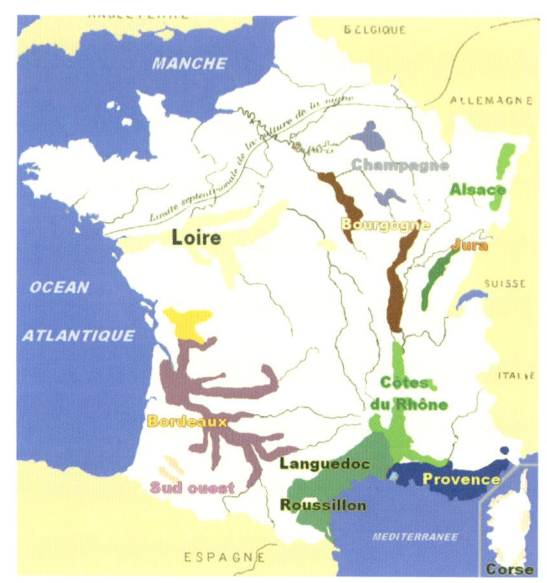

Les vins de France

이탈리아나 스페인 그리고 요즘 새롭게 부각되고 있는 미국, 호주, 칠레, 남아프리카공화국의 포도주와 마찬가지로 프랑스의 포도주 역시 생산지역에 따라 다양한 특성을 지니고 있다. 이는 포도 품종의 종류뿐만 아니라 기후와 토양의 질이 지역에 따라 큰 차이를 보이기 때문이다. 그 결과 알자스와 루아르는 대부분 백포도주를 생산하며 보르도와 부르고뉴는 적포도주와 백포도주를 모두 생산한다. 론 지방에서는 적포도주를 주로 생산하며, 샹빠뉴는 샴페인이라고 알려진 발포성 포도주를 생산한다. 이 중에서 프랑스를 대표하는 두 포도주, 즉 보르도와 부르고뉴 포도주에 대해 좀더 자세히 살펴보기로 하자.

포도주에 최초로 등급을 표시하게 한 사람은 나폴레옹 3세로, 1855년 보르도 지역에서 생산된 포도주의 품질과 가격을 기준으로 적포도주는 1등급에서 5등급, 백포도주는 특1등급, 1등급, 2등급으로 분류해 등급을 나누게 된다. 바로 이것이 현재 사용 중인 포도주 등급제의 시발

Château Margaux

Château Lafite Rothschild

Château Latour

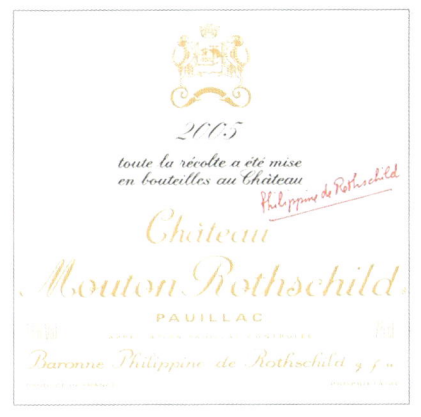

Château Mouton-Rothschild

Château Haut-Brion

Château d'Yquem

점이라고 할 수 있다. 적포도주에 비해 백포도주의 등급 분류가 적은 것은 그 당시 보르도 지역에서 생산된 적포도주가 백포도주보다 더 명성을 얻고 있었기 때문이다. 지금도 보르도 지역에서는 적포도주는 80퍼센트, 백포도주는 20퍼센트를 생산하고 있다. 물론 이 같은 등급은 다양한 심사를 거쳐 조정되기도 하는데, 1973년 샤또 무똥 로칠드Château Mouton Rothschild가 2등급에서 1등급으로 상향 조정된 것이 그 같은 예라고 할 수 있다. 보르도산 포도주가 프랑스의 포도주를 대표한다는 데 이의를 제기하는 사람이 드문 것은 바로 이같이 엄격한 등급 관리를 통해 최고 품질의 포도주를 지금까지 생산하고 있기 때문이다. 보르도 와인은 적포도주와 백포도주 모두 두 가지 이상의 포도 품종을 혼합하지 않으면 보르도 지역 명칭을 붙일 수 없도록 규제하고 있다.

샤또 마르고Château Margaux, 샤또 라피트 로칠드Château Lafite Rothschild, 샤또 라뚜르Château Latour, 샤또 무똥 로칠드Château Mouton-Rothschild, 샤또 오브리옹Château Haut-Brion 등이 보르도를 대표하는 포도주로 그라브Graves 지역에서 생산되는 샤또 오브리옹을 제외하고는 모두 메독 지역에서 생산되는 적포도주다. 백포도주 중에는 '신비의 묘약'으로 불리는 쏘떼른Sauternes 지역의 샤또 디껨Château d'Yquem이 특1등급에 속한다.

타닌 성분이 풍부한 까베르네 쏘비뇽Cabernet Sauvignon이나 부드럽고 달콤한 메를로Merlot 품종을 사용하는 보르도산 포도주와는 달리 타닌이 적고 상대적으로 신맛이 강한 삐노 누아Pinot Noir 단일 품종만을 사용해 만든 부르고뉴산 포도주를 대표하는 가장 유명한 적포도주는 꼬뜨-도르Côte-d'Or 지역에서 생산되는 로마네 꽁티Romanée-Conti일 것이다. 1년에 단지 6,000병만 생산하는 이 포도주는 2003년 이전에는 중개인에게 로마네 꽁티 12병이 들어 있는 상자 단위로 팔았지만, 현재는 로마네 꽁티 13병이 들어 있는 상자나 13병 중에 한 병만 로마네 꽁티를 담고 나머지 12병은 다른 포도주를 담아 판매하고 있어 자신들만의 독특한 판매 전략을 꾀하고 있다. 2000년, 일본 고베의 한 대형 백화점에서는 로마네 꽁티 한 병이 5,000€(한화, 약 750만 원)에 팔렸으며, 2005년 뉴욕에서는 1985년산 6병들이 매그넘(정상적인 사이즈는 750㎖인데 비해 매그넘은 이것의 두 배인 1.5ℓ를 의미함)이 134,315€(한화, 약 20억 원)에 팔리기도 했다. 이는 세계에서 가장 비싼 가격이었다고 한다. 로마네 꽁티 한 병 값으로 가장 비쌌던 경우는 2005년 파리의 갈르리 라파예뜨 Galeries Lafayette 백화점에서 팔린 18,000€(한화, 약 2억 7,000만 원)였다. 또한 2002년 한일월드컵 당시 프랑스 팀이 1무 2패로 예선 탈락한 후, 끌로드 씨모네 Claude Simonet 프랑스 축구협회장이 서울의 한 식당에 들러 로마네 꽁티 한 병을 시켰는데, 포도주 한 병 값이 720만 원이었다는 것이 화제가 되어 우리나라에서도 유명해진 포도주이기도 하다. 또한 부르고뉴 지방을 대표하는 백포도주로는 샤르도네 Chardonnay 단일 품종만으로 생산하는 샤블리 Chablis가 있다.

포도주 한 병 값이 너무나 상상을 초월해 다른 세상 사람들의 이야기처럼 들리기도 하겠지만, 대를 이어 지상 최고의 포도주를 빚어내려는 장인들의 끊임없는 노력과 인내는 높이 평가해야 할 것이다. 그런데 여전히 머릿속에 이솝의 '신포도 이야기'가 떠나지 않는 것은 왜일까? 잠시 마음이 착잡해 분심이 들기도 한다. 개인적으로 좋은 사람과 마시는 포도주가 가장 좋은 포도주가 아닐까 위로 아닌 위로를 해본다.

Romanée-Conti

Chablis

Coup d'œil

포도주에 대해 언급할 때 자주 영어권에서 등장하는 표현 중 프렌치 패러독스Paradoxe français라는 말이 있다. 이는 영양학자들이 주장하는 학설로, 프랑스인들의 식습관과 그들의 건강 사이에는 도저히 이해할 수 없는 모순이 존재한다는 것이다. 프랑스인들이 비교적 포화지방이 많은 음식을 즐겨 먹지만 이와 비슷한 식습관을 가진 나라들에 비해 상대적으로 심장병의 발병률이 적은 까닭은 바로 적포도주 때문으로, 즉 적포도주가 심장병의 발병을 줄인다는 학설이 바로 프렌치 패러독스다. 이 같은 주장이 1991년 미국 TV에서 60분간 방영되자, 적포도주의 소비가 44퍼센트 증가했다고 한다. 포도 껍질에 함유되어 있는 항산화제 폴리페놀polyphénols과 심장병 및 항암제로 유명한 레스베라트롤resvératrol이라는 성분이 프랑스인들의 건강에 긍정적 영향을 미쳤다는 것이다. 그러나 이후 계속된 레스베라트롤에 관한 연구에 따르면, 와인에 들어 있는 함량이 너무 적어 프렌치 패러독스를 설명하기에는 불충분하다는 것으로 결론을 내리고 있다. 다만 또 다른 연구 결과에서 술을 적당히 마시는 사람이 전혀 마시지 않은 사람이나 또는 심하게 마시는 사람보다 심장병의 위험이 적다고 한다.

그러나 무엇보다도 보들레르의 시가 함께 있기에 프랑스 포도주의 맛은 더욱 깊이가 있다고 할 수 있다.

⋯Je sais combien il faut, sur la colline en flamme,
De peine, de sueur et de soleil cuisant
Pour engendrer ma vie et pour me donner l'âme;
Mais je ne serai point ingrat ni malfaisant,

Car j'éprouve une joie immense quand je tombe
Dans le gosier d'un homme usé par ses travaux,
Et sa chaude poitrine est une douce tombe
Où je me plais bien mieux que dans mes froids caveaux⋯

- 'L'âme du vin' de Charles Baudelaire (1821~1867)

⋯난 아노라, 이글대는 언덕 위,
내게 생명을 부여하고 내게 영혼을 불어넣으려,
얼마나 많은 노고와 땀과 작열하는 태양빛이 필요한가를.
진정 난 그들을 저버리지도 해하지도 않으리.

지친 자의 목구멍을 타고 흘러내릴 때
난 무한한 희열을 맛보게 되니까.
데워진 그의 가슴은 차디찬 지하 저장고보다
내겐 훨씬 더 아늑한 안식처이기에⋯

-보들레르, 『포도주의 영혼』, 중에서

알아두면 유용한 속담
Il faut battre le fer pendant qu'il est chaud. / 쇠뿔도 단김에 빼라.

Leçon 5

건강과 신체에 관한 표현 *C'est grave docteur ?*

Pierre	:	J'ai faim, maman.
Mme Dupont	:	À table, les enfants!
Paul	:	Moi, je n'ai pas très faim.
Mme Dupont	:	Qu'est-ce que tu as? Tu es malade?
Paul	:	Je suis fatigué. J'ai mal à la tête, et j'ai froid aux mains et aux pieds.
Mme Dupont	:	Et le nez, ça va?
Paul	:	Non, mon nez coule et j'ai mal à la gorge.
Mme Dupont	:	Mon pauvre chéri. Tu es enrhumé. Il faut aller voir le médecin.

Le médecin	:	Alors, qu'est-ce qui ne va pas?
Le patient	:	Eh bien, j'ai mal au ventre et je n'ai pas d'appétit.
Le médecin	:	Depuis combien de temps vous ressentez ça?
Le patient	:	Depuis hier soir.
Le médecin	:	Vous avez aussi de la fièvre?
Le patient	:	Oui, un peu.
Le médecin	:	Voyons, je vais vous faire une ordonnance.
Le patient	:	Qu'est-ce que j'ai, docteur? C'est grave?
Le médecin	:	Non, ce n'est pas grave. Vous allez présenter cette ordonnance à la pharmacie.
Le patient	:	Merci docteur.

Marie	:	Je voudrais quelque chose pour la grippe, s'il vous plaît.
La pharmacienne	:	Oui, madame. C'est pour vous?
Marie	:	Oui, c'est pour moi.
La pharmacienne	:	Quels sont les symptômes?
Marie	:	Je tousse beaucoup et j'ai un mal de tête affreux.
La pharmacienne	:	Vous allez prendre ce sirop trois fois par jour.

어휘 및 관용구

- **faim** n.f. 굶주림, 허기
  - avoir faim 배가 고프다.
- **À table!** 식사합시다!
- **enfant** n. 아이
- **malade** a. 아픈, 병든
- **mal** n.m. 고통, 아픔
  - avoir mal à ~가 아프다.
- **froid(e)** a. 차가운
- **fatigué(e)** a. 피곤한
- **tête** n.f. 머리
- **main** n.f. 손
- **pied** n.m. 발
- **s'asseoir** v. 앉다.
- **ouvrir** v. 열다.
- **bouche** n.f. 입
- **nez** n.m. 코
- **couler** v. 새다, 흐르다.
- **gorge** n.f. 목
- **pauvre** a. 불쌍한, 가난한
- **chéri(e)** a. 애지중지하는 n. 사랑하는 사람
- **enrhumé(e)** a. 감기에 걸린
- **falloir** v. 필요하다, ~해야 한다.
  - Il faut ~해야만 한다.
- **voir** v. 보다.
- **médecin** n.m. 의사
- **ventre** n.m. 배, 복부
- **appétit** n.m. 식욕, 입맛
- **ressentir** v. 느끼다.
- **fièvre** n.f. 열
- **rhume** n.m. 감기
- **grave** a. 대단한, 심각한
- **présenter** v. 보이다, 제출하다.
- **ordonnance** n.f. 처방전
- **pharmacie** n.f. 약국, 약방

- **Je voudrais** ~하기를 원하다. (Je veux의 공손한 표현)
- **grippe** n.f. 유행성 감기
- **pharmacien(ne)** n. 약사
- **symptôme** n.m. 증상, 증후
- **tousser** v. 기침하다.
- **affreux(se)** a. 끔찍한, 지독한
- **sirop** n.m. 시럽
- **prendre** v. 먹다, 복용하다.
- **fois** n.f. 번, 회
- **par jour** 하루에

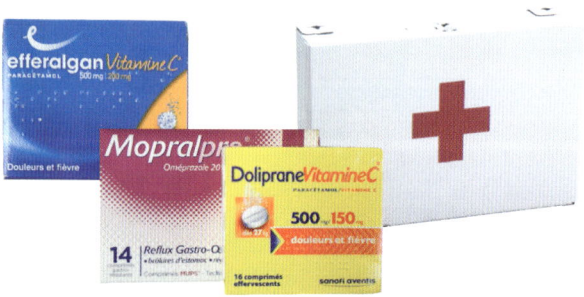

문법

■ être 동사의 직설법 현재

영어의 be 동사에 해당하며 '~이다, 있다'의 뜻으로 불규칙동사다.

je	suis	nous	sommes
tu	es	vous	êtes
il / elle	est	ils / elles	sont

- 자동사로서 '존재한다', '있다'의 뜻으로 쓰인다.
  예) Je pense, donc je suis. (나는 생각한다, 고로 존재한다)
  　　Ils sont à la maison. (그들은 집에 있다)
  　　Où est le téléphone? Il est sur la table. (전화가 어디 있나요? 탁자 위에 있습니다)

- 속사를 동반하여 '~이다'의 뜻으로 쓰인다.
  예) Je suis Gabriel. (나는 가브리엘이다)
  　　Elle est pianiste. (그녀는 피아니스트다)
  　　Vous êtes français? (당신은 프랑스인입니까?)
  　　Tu es malade. (너는 아프다)

- être 동사 뒤에 신분, 직업, 국적을 나타내는 명사가 올 때는 관사를 생략한다.
  예) Je suis journaliste.　　Je suis coréen.

- être 동사는 중성 지시대명사 ce를 주어로 삼아 C'est ~ 형식의 소개문을 형성한다. 단, 이때는 관사가 필요하다.
  예) C'est un médecin.　　C'est un étudiant.　　Ce sont des étudiants.

- être의 속사 위치에 오는 명사나 형용사는 주어의 성·수에 일치한다.
  예) Il est étudiant.　　　Elle est étudiante.
  　　Il est fatigué.　　　Elles sont fatiguées.

- être 동사 다음에 'de + 도시나 지역명'을 쓰면 출신지를 나타낸다.
  예) Je suis de Séoul. (나는 서울 출신이다)
  　　Vous êtes de New-York? (당신은 뉴욕 출신입니까?)

■ avoir 동사의 직설법 현재

영어의 have에 해당하며 '가지다'의 뜻으로 불규칙동사이다.

j'	ai	nous	avons
tu	as	vous	avez
il / elle	a	ils / elles	ont

- Nous avons, vous avez, ils ont, elles ont 은 연독하며 s는 [z]로 발음된다. 특히 être 동사의 3인칭 복수와 혼동하지 않도록 발음의 구별을 명확히 해야 한다.

- 타동사로서 avoir 다음에는 목적어가 온다.
  예) J'ai un frère et une sœur. (나는 남자 형제 한 명과 여자 형제 한 명이 있다)
   Tu as des livres. (너는 책을 여러 권 갖고 있다)
   Vous avez l'heure? (몇 시인가요?)
   Noah a 20 ans. (노아는 스무 살이다)
   Quel âge a-t-il? (그는 몇 살입니까?)
   Elle a une jolie robe. (그녀는 예쁜 원피스를 입고 있다)

- avoir를 포함하는 관용구에서는 종종 관사 없는 명사가 사용된다.
  예) J'ai faim. (나는 배가 고프다)
   Il a soif. (그는 목이 마르다)
   J'ai froid. (나는 춥다)
   Tu as chaud. (너는 덥다)
   Elle a raison et il a tort. (그녀가 맞고 그가 틀리다)

■ prendre 동사의 현재변화형과 여러 가지 의미

je	prends	nous	prenons
tu	prends	vous	prenez
il / elle	prend	ils / elles	prennent

예) Vous prenez un café? (커피 드시겠어요?) (마시다 = boire)
 Je prends le bus. (나는 버스를 탄다) (교통수단을 타다)
 Ils prennent le déjeuner. (그들은 점심을 먹는다) (먹다 = manger)
 Elle prend son manteau. (그는 외투를 입는다) (옷을 입다 = porter)
 Tu prends la première à droite. (첫번째 오른쪽 길로 가다) (~로 가다 = aller)

■ 근접미래와 근접과거

aller + 동사원형 / venir de + 동사원형

aller, venir는 '가다, 오다'라는 의미 외에 조동사적으로 회화에서 사용된다.

- aller + 동사원형은 실현이 확실한 가까운 미래의 일을 표현하는 것으로 근접미래라고 한다. '~할 것이다'의 뜻으로 해석된다.
  예) Le train va patir. (기차가 출발할 것이다)

- venir de + 동사원형은 '막 ~했다'의 의미로 가까운 과거를 나타낸다.
  예) Le train vient de partir. (기차가 막 출발했다)

■ 비인칭 구문 Il faut

falloir 동사는 비인칭 주어 il과 함께 항상 3인칭 단수로만 쓰인다.

- Il faut + 동사원형 : ~해야 한다
  예) Il faut manger pour vivre. (살기 위해선 먹어야 한다)
- Il faut + 시간 표현 + pour 동사원형 : ~하는데 시간이 ~만큼 필요하다
  예) Il faut trois heures pour terminer ce travail. (이 일을 끝내는 데 세 시간이 필요하다)

■ 의문형용사 quel (voir p.96)

성·수에 따라 형태가 달라도 발음은 모두 [kɛl]로 동일하다.
'어떤', '무슨', '몇'의 의미를 가지고 명사 앞에 놓여 한정하는 역할을 한다.
또한 '무엇', '얼마'의 의미를 가지며 être 동사의 속사 위치에 쓰일 수 있다.
  예) Quel âge as-tu?   Quelle est la profession de Paul?
      Quels sont les symtômes?   Quelles fleurs aimes-tu?

■ 지시형용사 (voir p.96)

특정 대상을 지시하여 '이/그/저~'라는 뜻으로 사용된다. 명사 앞에 관사 없이 놓이며, 뒤에오는 명사의 성·수에 일치한다. 모음이나 무음 h로 시작하는 남성명사 단수형 앞에서는 ce 대신 cet를 사용한다.
  예) ce livre   cet homme   cette femme   ces enfants

일상에서 자주 사용하는 표현

① 건강 상태를 묻는 표현

Qu'est-ce que tu as?
Qu'est-ce qui ne va pas?
Qu'est-ce qu'il y a?
Où est-ce que tu as mal?

② 건강하다는 답변을 상대방에게 나타내는 표현

Je vais (très) bien, merci.
Je suis en forme.
Je me sens bien.

③ 건강하지 않다는 답변을 상대방에게 나타내는 표현

Ça ne va pas bien.
Je me sens mal.
Je ne me sens pas bien.
Je ne suis pas en forme.
Je suis malade.
J'ai mal à …
Je n'ai pas d'appétit.
J'ai de la fièvre.
Je tousse.
J'ai un rhume.
Je suis enrhumé(e).

❹ 신체에 관한 어휘 (Le corps)

la tête
les yeux
le nez
la bouche
la main droite
le cou
le bras droit
le bras gauche
la jambe gauche
le pied droit
le pied gauche

les cheveux

les dents

les épaules

le ventre

les oreilles

le dos

les fesses

Exercices

I. avoir와 être 중 알맞은 동사의 활용형을 넣어 문장을 완성하시오.

1) Tu _____ mal à la gorge?

2) Nous _____ en retard.

3) Elles _____ soif.

4) Vous _____ chaud.

5) Il _____ 20 ans.

II. 다음 문장을 근접미래로 고쳐 쓰시오.

1) Nous mangeons au restaurant.

2) Ils arrêtent le travail.

3) Il voyage en Europe.

4) Vous achetez une pomme?

5) Je marche jusqu'à la gare.

III. prendre 동사를 알맞은 현재형으로 변화시키시오.

1) Je _____ le petit déjeuner tôt le matin.

2) Ils _____ l'avion à quatre heures.

3) Nous _____ un café à la cafétéria.

4) Il _____ son stylo dans son sac.

5) Vous _____ un parapluie.

IV. 다음 문장을 근접과거로 고쳐 쓰시오.

1) Cécile chante.

2) Nous visitons le musée d'Orsay.

3) L'avion arrive de Paris.

4) Je termine mes devoirs.

5) Elles déjeunent au restaurant.

V. 프랑스어로 옮기시오.

1) 기차가 곧 출발할 것입니다.

2) 그녀는 이제 막 외출했습니다.

3) 나는 목이 아픕니다.

4) 나는 스무살입니다.

5) 우리는 배가 고픕니다.

avoir mal à + 정관사 + 신체 부위 : ~가 아프다.		
J'ai mal	au ventre.	배가 아프다.
	à la gorge.	목이 아프다.
	aux dents.	이가 아프다.

J'ai mal à la tête. (나는 머리가 아프다)
Elle a mal aux yeux. (그녀는 눈이 아프다)

Documents

■ 요리 LA CUISINE

foie gras de canard

escargot

truffe

프랑스 요리Cuisine française를 달리 표현해 본다면 프랑스식 전통요리 양식이라고 할 수 있을 것이다. 왜냐하면 사상이나 관습, 행동 양식 등과 마찬가지로 요리 역시 집단이나 공동체, 더 나아가 국가 속에 존재하면서 사회적, 정치적, 문화적 변화에 따라 수세기에 걸쳐 도태, 계승, 발전할 수밖에 없기 때문이다. 프랑스는 유럽에서 가장 비옥한 땅을 가진 제1의 농업국가다. 이웃 다른 나라들에 비해 풍부하고 다채로운 농작물과 난류성, 한류성 해산물을 손쉽게 구할 수 있다는 지리적 장점과 더불어 단일민족으로 이루어진 나라가 아니라 여러 민족, 즉 켈트계, 라틴계, 게르만계가 섞여 온갖 입맛이 다 모여 있다는 점이 바로 프랑스 요리의 대표적 특징인 다양성을 탄생시켰다고 할 수 있다. 프랑스 요리는 크게 왕궁을 중심으로 상류층이 즐겼던 고급요리Haute Cuisine와 전통적인 방법으로 만들어지는 지방요리Cuisine Régionale로 나뉜다. 물론 고급요리라 함은 궁중요리로 대변될 수 있으며, 지방요리라 함은 일종의 서민층 요리로 볼 수 있다. 두 가지 모두 프랑스의 전통요리지만 체계적이고, 과학적이며, 수준 높은 요리는 아무래도 고급요리 쪽에 속한다. 프랑스 요리가 중국 요리, 터키 요리와 더불어 세계 3대 요리에 포함될 수 있었던 것도 바로 전통 궁중요리 때문일 것이다. 프랑스를 대표하는 전통요리로는 거위나 오리 간foie gras, 달팽이escargot, 송로버섯truffe 등이 있다.

특히 '프랑스 미식법의 식사 repas gastronomiques français'가 2010년 유네스코 인류무형문화유산 patrimoine culturel immatériel de l'humanité 에 등재될 정도로 프랑스 요리는 미식적 요소가 강하다. 여기서 우리가 관심을 가져야 할 점은, 같은 해에 '멕시코 전통요리 La cuisine traditionnelle mexicaine'가 인류무형문화유산에 등재됐다는 사실이다. 즉, 프랑스의 요리는 단순히 전통요리 자체에 그치는 것이 아니라, 바로 미식법과 연관되어 있다는 것을 유념해야 한다. 미식법 gastronomie 이라는 단어의 어원을 살펴보면, 그리스어의 위를 의미하는 gastèr와 법칙을 의미하는 nomos의 합성어로, '위를 다스리는 기법', 즉 의학적인 의미를 담고 있어 지금과는 다소 차이가 있다고 할 수 있다. 현재 음식과 관련해 우리가 흔히 사용하거나 인식하고 있는 미식법의 의미는 17세기 이후로, 아카데미 프랑세즈(Académie française, 한림원)에 따르면, 단순히 '좋은 접대'를 의미했던 미식법이란 단어는 20세기에 접어들면서 좋은 접대는 물론 음식의 양과 질, 그리고 식재료의 선택 등 음식을 준비하는 모든 과정이 훌륭한 '좋은 식사'의 의미로 미식법이 쓰이게 되었다고 정의를 내리고 있다. 유네스코 역시 '프랑스 미식법의 식사'를 인류무형문화유산에 등재하면서 다음과 같은 선정 이유를 밝히고 있다.

" '프랑스 미식법의 식사'는 사람들과 자연에서 채취한 식재료와의 조화, 즉 사람들에게 음식을 맛보는 기쁨이 무엇인지를 잘 보여주고 있습니다. 출생과 결혼, 그리고 생일이나 회합 등 대소사 때마다 빠지지 않는 '프랑스 미식법의 식사'는 초대한 사람과 초대받은 사람 모두에게 중요한 순간을 함께 하게 한다는, 함께 맛있는 식사를 즐기게 한다는 데 큰 의의를 두고 있습니다. 식탁을 잘 꾸미고, 신선한 식재료를 준비하고, 음식에 맞는 포도주를 고르고, 모임에 맞는 식단을 세심히 짜는 일련의 과정 — 식전에 마시는 아뻬리띠프 apéritif 한 잔과 식후에 마시는 디제스띠프 digestif 한 잔, 그리고 전식인 앙트레 entrée 와 야채를 곁들인 생선이나 육류 요리(혹은 생선과 육류 요리), 치즈, 디저트로 이어지는 — 등이 프랑스 미식법의 기본 요소라 할 수 있습니다. "

이처럼 프랑스 요리의 근저에는 인간과 자연의 합일이 있으며, 전통과 사회적 관습을 바탕으로 이어지고 합의된 인간애가 자리 잡고 있다고 할 수 있다. 다양한 민족의 다양한 음식 문화를 하나의 용광로에 녹여 새롭게 탄생시킨 프랑스 요리. 때문에 세계는 프랑스인들을 다음과 같이 부른다. 미식가 Gastronome 라고.

Coup d'œil

미슐랭의 마스코트 비벤둠

기드 미슐랭Guide Michelin은 1889년에 미슐랭 형제(앙드레 미슐랭과 에두아르 미슐랭)가 세운 프랑스 타이어 회사 미슐랭이 대도시의 숙박업소와 대형 식당, 그리고 규모가 작은 지방의 숙박업소와 소규모 식당의 등급을 평가하기 위해 매년 출간하는 일종의 세계 최고 권위의 숙소, 식당 평가 안내서 연감이라고 할 수 있다. 먼저 이 책의 특징은 붉은색의 표지와 그 표지를 장식하고 있는 타이어 마스코트 비벤둠Bibendum의 모습이다. 회사의 마스코트를 필요로 하던 시절, 형제는 두 사람이 탄 차의 타이어가 길거리에 떨어진 못이나 깨진 유리를 차에 달고 다니자, 이를 본 주변 사람으로부터 '비벤둠이 지나간다'라는 소리를 듣는다. 비벤둠은 라틴어로 '먹다', '마시다'의 의미로, 결국 두 사람 모두 자신들이 생산한 타이어가 도로에 있는 모든 장애물이나 불순물들을 먹어 치울 정도로, 비벤둠이 강력한 이미지를 대변해줄 거라는 확신을 갖게 된다. 바로 이것이 미슐랭 타이어 회사의 마스코트 비벤둠의 탄생 일화다.

비벤둠의 탄생에 맞춰 출간된 『기드 미슐랭』은 1900년, 파리 만국박람회 때 처음 등장한다. 처음에는 운전자의 편의를 위해 차를 수리할 수 있는 곳을 안내할 목적으로 출판해 무료로 배포했던 이 책 속에는 타이어 정보, 도로법규, 자동차 정비 요령, 주유소 위치 등이 주로 실렸고, 식당 소개는 미미한 수준이었다. 그러나 해가 갈수록 호평을 받자 1920년에는 유료 판매로 전환했고 이후 프랑스는 물론 세계 최고의 호텔, 식당 가이드 책으로 자리 잡게 된다. 1926년에는 처음으로 맛있는 음식을 먹을 수 있는 곳을 별로 표시하기 시작했으며, 현재와 같이 별을 붙이는 방식으로 식당의 맛을 평가하게 된 것은 1931년 이었다.

따라서 기드 미슐랭이라함은 숙박시설과 식당에 관한 정보를 제공해 주는 '기드 루즈Guide rouge'와 주요 여행지의 관광정보를 제공해 주는 '기드 베르Guide vert'로 구분된다. '기드 루즈'가 거의 100년 동안 명성을 유지할 수 있었던 비결에는 무엇보다 식당 평가에 대한 공정성이 바탕이 되고 있다. 물론 2019년 '기드 미슐랭 2020년 서울판'에 선정을 빌미로 미슐랭 측의 금품 요구가 있었다는 어느 한식당의 고백이 있어 물의를 빚은 적이 있지만, 현재까지 미슐랭 측은 이를 강력히 부인하고 있는 상태다. 미슐랭 측에 따르면 모든 평가는 비밀로 이루어지며, 선정된 식당으로부터 어떠한 대가나 보상을 받지 않는다는 것이 미슐랭의 불문율이라고 한다. 평가원들은 모두 레스토랑, 호텔에서 5년 이상 근무한 전문가로서, 평범한 손님으로 가장해 한 식당을 1년 동안 5~6차례 방문해 직접 먹어보고 객관적 평가를 내린다. 등급은 별과 포크로 표시되는데 포크는 다섯 개까지, 별은 세 개까지 표시하는 것이 『기드 미슐랭』의 특징이다. 포크 다섯 개는 별 한 개보다 아래 등급이다. 미슐랭 측에서 밝힌 평가 기준은, 식재료의 질, 조리법과 소스의 완성도, 음식에 대한 가격의 합리성, 서비스, 청결 상태, 데코레이션 등을 언급하고 있지만, 평가에 대한 세부 기준은 비밀에 부쳐져 있다.

『기드 미슐랭』, 1929년판
(출처: wikipedia)

참고로, 별 한 개는 그 계통의 음식 분야에서 맛이 좋은 식당(très bon restaurant dans sa catégorie), 두 개는 거리가 멀어도 찾아갈 만한 아주 훌륭한 식당(excellente cuisine ; mérite le détour), 세 개는 반드시 찾아가야할 아주 특별한 식당(cuisine exceptionnelle ; incontournable)을 의미한다.

미슐랭이 주는 별의 가치는 상상 이상으로, 일단 별 하나라도 선정되면 식당과 요리사의 몸값이 수직 상승하며, 별 두 개를 받으면 매출이 최소한 20퍼센트 늘어난다고 한다. 미슐랭 별 세 개를 받은 곳에서 식사를 하려면 최소 3개월을 기다려야 한다는 말도 있다. 흥미로운 점은 별의 등급을 유지하기가 여간 힘든 게 아니라는 사실이다. 예를 들어, 2003년 요리사 베르나르 루아조 Bernard Loiseau는 별 세 개에서 두 개로 식당의 등급이 강등될지 모른다는 소문만으로 자살을 했으며, 2008년 별 세 개를 받았던 요리사 마르크 베라 Marc Veyrat는 건강이 회복될 때까지 식당 문을 닫기로 해 화제가 되기도 했다.

현재 『기드 미슐랭』은 프랑스판(1900년 초판)을 비롯해, 벨기에와 네덜란드(2007년), 이탈리아(1956년 북부지역을 시작으로 1957년 전국으로 확대), 독일(1964년), 스페인과 포르투갈, 스위스(1994년), 영국과 아일랜드(1974년), 미국 뉴욕(2006년), 일본 도쿄(2008년), 홍콩과 마카오(2009년), 일본 오사카와 교토(2010년), 태국(2018년) 판을 출간해 외연을 넓히고 있다.

'기드 미슐랭 서울판'은 2016년 11월 7일에 처음으로 출간되었으며, '기드 미슐랭 2020년 서울판'에는 178개의 식당이 분야별로 평점이 매겨져 있다.

알아두면 유용한 속담

Ce qui est amer à la bouche est doux au cœur. / 몸에 좋은 약이 입에 쓰다.

Leçon 6

시간과 수   C'est combien ?

Robert   : Vous avez une belle montre blanche. Quelle heure est-il?
Colette : Il est dix heures juste.
Robert   : J'ai rendez-vous à dix heures et demie.
Colette : Eh bien, vous avez encore le temps.
Robert   : Oui. Au fait, vous connaissez le numéro de portable de Bernard?
Colette : Oui. C'est le 06 21 47 85 39.
Robert   : Je vous remercie beaucoup.

Le vendeur   : Bonjour, madame, vous désirez?
Mme Martin   : Je voudrais quatre tomates, trois pommes vertes et deux courgettes, s'il vous plaît.
Le vendeur   : Voilà madame. Et avec ceci?
Mme Martin   : Je vais prendre aussi un kilo de fraises et 500 grammes de cerises.
Le vendeur   : Voilà. C'est tout?
Mme Martin   : Oui. Ça fait combien?
Le vendeur   : Un euro trente, deux euros cinquante… En tout, ça fait cinq euros quatre-vingt-dix.

Patrick	:	Salut, Jean-Paul.
Jean-Paul	:	Salut. Tu es libre ce week-end?
Patrick	:	Oui, quand?
Jean-Paul	:	Samedi après-midi, ça te va?
Patrick	:	Pas vraiment. J'ai rendez-vous samedi soir, à sept heures. Mais, dimanche matin, je suis libre.
Jean-Paul	:	Ça m'arrange aussi. Alors, à quelle heure?
Patrick	:	Euh, vers dix heures chez toi?
Jean-Paul	:	D'accord. Merci.
Patrick	:	De rien.

어휘 및 관용구

- **beau(belle)** (남성 제2형 **bel**) a. 아름다운, 예쁜
- **montre** n.f. (손목) 시계
- **blanc(che)** a. 흰색의
- **quel(le)** [의문 형용사] 어떤, 무슨 (7과 문법 참조)
- **heure** n.f. 시간, 시
  - Quelle heure est-il? 몇 시입니까?
- **juste** ad. 바로, 꼭, 정각
- **rendez-vous** n.m. 만날 약속
- **encore** ad. 아직도, 여전히, (부정문에서) 아직
- **temps** n.m. 시간, 여가
- **connaître** v. 알다.
- **numéro** n.m. 번호
- **portable** n.m. 핸드폰 a. 휴대용의
- **remercier** v. 감사하다.
- **désirer** v. 원하다.
- **tomate** n.f. 토마토
- **pomme** n.f. 사과
- **vert(e)** a. 초록색의
- **courgette** n.f. 호박
- **kilo** n.m. 킬로그램 (= kilogramme)
- **fraise** n.f. 딸기
- **cerise** n.f. 버찌, 체리
- **combien** ad. (수량이) 얼마만큼, 얼마나
- **en tout** 다 합쳐서, 다해서
- **Ça fait** ~가 얼마이다.
- **libre** a. 자유로운, 시간이 있는
- **week-end** n.m. 주말
- **quand** conj. 언제, 어느 때
- **samedi** n.m. 토요일
- **après-midi** n.m. 오후
- **Ça te va?** 너도 좋아? 너도 괜찮아?
- **vraiment** ad. 정말로, 참말로
  - pas vraiment 별로, 약간
- **dimanche** n.m. 일요일
- **matin** n.m. 아침
- **Ça m'arrange.** 나는 좋다, 만족한다.
- **aussi** ad. 또한
- **alors** ad. 그러면
- **vers** prép. ~경에
- **d'accord** 좋아, 동의해, 오케이 (O.K.)

poire
raisin
pomme
kiwi
fraise

ananas
pêche
framboise
banane
cerise

문법

■ 형용사의 성과 수

형용사는 수식하는 명사의 성·수에 일치한다. 원칙적으로 남성형 형용사에 **e**를 붙이면 여성형이 되고 **s**를 붙이면 복수형이 된다.

1. 형용사의 여성형

일반적으로 형용사의 남성형에 **e**를 붙이면 형용사의 여성형이 된다.

(1) 원칙 : 남성단수 + e	petit (작은)	petite
(2) -e → -e	rouge (붉은색의)	rouge
(3) -eux → -euse	heureux (행복한)	heureuse
(4) -f → -ve	actif (활동적인)	active
(5) -en → -enne	italien (이탈리아의)	italienne
(6) -er → -ère	léger (가벼운)	légère
(7) -on → -onne	bon (좋은, 맛있는)	bonne
(8) -el → -elle	officiel (공식적인)	officielle

- 위의 법칙을 따르지 않고 불규칙 여성 형태를 갖는 형용사들이 있는데 자주 사용되는 형용사들이므로 꼭 암기해 두어야 한다.

    예) blanc / blanche (흰색의)   gros / grosse (뚱뚱한)   roux / rousse (적갈색의)
    long / longue (긴)   gentil / gentille (친절한)

- beau, nouveau, vieux 등의 형용사는 모음 또는 무음 h로 시작하는 명사 앞에서 남성단수 제2형을 갖는다. 그리고 여성단수는 남성단수 제2형에 마지막 자음을 반복한 후 e를 붙인다.

m.s. (남성단수 제1형)	m.s. (남성단수 제2형)	f.s. (여성단수)
beau (아름다운)	bel	belle
nouveau (새로운)	nouvel	nouvelle
vieux (늙은)	vieil	vieille

예) un beau jardin   un bel appartement   une belle montre
   un nouveau monde   un nouvel album   une nouvelle voiture
   un vieux chien   un vieil homme   une vieille maison

2. 형용사의 복수형

원칙적으로 단수형의 어미에 **s**를 붙이면 복수형이 된다.
   예) grand / grands(큰), petite / petites(작은)

(1) 원칙 : 단수형 + s	grand	grands
(2) -s → -s	français	français
-x → -x	heureux	heureux
(3) -eau → -eaux	beau	beaux
(4) -al → -aux	égal	égaux

예) Il est petit. Ils sont petits.   Il est heureux. Ils sont heureux.
    Elle est grande. Elles sont grandes.   Il est beau. Ils sont beaux.

- 남성 단수의 어미가 **al**로 끝나는 경우 **aux**로 된다. 단, 원칙에 따라 그대로 **s**를 붙이는 경우도 있다.
    예) égal / égaux (동등한),   amical / amicaux (우정어린, 정다운)
        final / finals (최종의),   fatal / fatals (운명의, 숙명적인)

3. 형용사의 위치

형용사는 명사를 직접 수식할 수도 있고 être 동사 뒤에서 주어의 속성을 표시하는 속사로서 간접 수식할 수도 있다. 직접 명사를 수식하는 경우, 형용사는 일반적으로 명사 뒤에 놓이지만, 음절이 짧고 자주 쓰이는 형용사는 명사 앞에 놓인다.

- 명사 앞에 놓이는 형용사
    bon (좋은)   mauvais (나쁜)   grand (큰)   petit (작은)   beau (아름다운)
    joli (예쁜)   jeune (젊은)   vieux (나이 든)   ancien (오래된)   nouveau (새로운)
  예) un jeune homme (젊은 남자) / une petite maison (작은 집) / un bon vin (좋은 포도주) /
      une jolie bague (예쁜 반지) / un grand jardin (큰 정원) / une nouvelle voiture (새 차) /
      un beau temps (좋은 날씨) / un mauvais temps (나쁜 날씨)

- 명사 뒤에 놓이는 형용사 : 색깔, 형태, 국적을 나타내는 형용사, 음절이 긴 형용사
  예) une fleur rouge (붉은 꽃) / une table ronde (둥근 탁자) / le peuple fraçais (프랑스 국민) /
      une église catholique (가톨릭 교회) / un homme ambitieux (야심찬 남자) /
      une fille sympathique (호감이 가는 소녀)

- 위치에 따라 의미가 달라지는 형용사
  예) un grand homme (위대한 사람)   un homme grand (키가 큰 사람)

■ 쉬운 의문사 정리

qui	누가, 누구를
que	무엇
quand	언제
où	어디
comment	어떻게
pourquoi	왜
combien	얼마나

■ 의문사 combien

예) C'est combien? (값이 얼마입니까?)
　　Je vous dois combien? (값이 얼마입니까?)
　　Combien coûte un melon? (멜론은 하나에 얼마입니까?)
　　Combien ça coûte, les bananes? (바나나 값은 얼마입니까?)

일상에서 자주 사용하는 표현

1 색깔에 대한 표현

De quelle couleur est sa robe?
Elle est blanche. C'est une robe blanche.

- Couleur (색깔)
  bleu(bleue) (파랑)   noir(noire) (검정)   gris(grise) (회색)
  brun(brune) (밤색)   rouge(rouge) (빨강)   jaune(jaune) (노랑)
  blanc(blanche) (흰색)   roux(rousse) (적갈색)   vert(verte) (초록)
  rose(rose) (분홍)   beige(beige) (베이지색)   orange(orange) (오렌지색)

2 시간에 대한 표현

Quelle heure est-il? / Vous avez l'heure?

			minute
	une	heure	
	deux		
	trois		
	quatre		cinq
	cinq		et quart
	six		et demie
Il est	sept	heures	moins vingt
	huit		moins cinq
	neuf		moins le quart
	dix		
	onze		
	midi		et demi
	minuit		

③ 요일에 대한 표현

Quel jour sommes-nous? (무슨 요일입니까?)
Nous sommes quel jour?   Nous sommes mardi.
On est quel jour?   On est dimanche.
C'est quel jour?   C'est samedi.

- Les jours de la semaine (요일)
    lundi (월요일)   mardi (화요일)   mercredi (수요일)   jeudi (목요일)
    vendredi (금요일)   samedi (토요일)   dimanche (일요일)

④ 가격에 대한 표현

C'est combien?   C'est dix euros.
Ça fait combien?   Ça fait vingt euros.
Ça coûte combien?   Ça coûte trente euros.
Combien ça coûte?   Ça coûte quarante euros.

Exercices

I. 다음 질문에 프랑스어로 답하시오.

1) Quel jour sommes-nous? _____. (월요일입니다)

2) Quelle heure est-il? _____. (2시 반입니다)

3) Vous avez l'heure? _____. (8시 15분 전입니다)

4) C'est combien? _____. (90 유로입니다)

5) Votre numéro de portable? _____. (010-9082-5321입니다)

II. 괄호 안의 우리말을 프랑스어로 바꾸시오.

1) On boit du café au lait _____. (아침 7시에)

2) Ils arrivent à Paris _____. (저녁 9시 15분에)

3) Lucie rencontre Guy _____. (정오에)

4) Ils vont au cinéma _____. (5시 20분에)

5) Il est _____. (자정입니다)

III. 다음 단어를 순서대로 맞추어 문장을 만드시오.

1) suis / musicienne / italienne / . / Je

2) courts / les / a / . / Il / cheveux

3) vas / un / ? / Tu / dans / pays / étranger

4) un / bon / dictionnaire / . / Nous / avons

5) Elle / les / yeux / . / a / bleus

IV. 괄호 안의 형용사를 성 · 수에 맞게 변화시키시오.

1) Claire est une étudiante très _____. (actif)

2) Tu as des devoirs _____. (difficile)

3) Elle a une _____ maison en banlieue. (grand)

4) C'est une _____ fille. (beau)

5) Il achète un _____ habit. (nouveau)

V. 프랑스어로 옮기시오.

1) 이것은 새 자동차입니다.

2) 그녀는 머리가 깁니다.

3) 지금 몇시 입니까?

4) 그는 한국 학생입니다. 초록색 바지를 입고 있습니다.

5) 당신은 좋은 포도주를 갖고 있습니까?

Quelle heure est-il? Vous avez l'heure? (몇 시입니까?)

Quel jour sommes-nous? (오늘은 무슨 요일입니까?)

Nous sommes mercredi. (수요일입니다)

les 7 jours de la semaine : lundi, mardi, mercredi, jeudi, vendredi, samedi, dimanche

Documents

■ 카페 LE CAFÉ

프랑스에 커피가 들어온 것은 1644년으로, 터키의 콘스탄티노플(현재의 이스탄불)에 살던 한 상인이 프랑스의 남부 도시 마르세유Marseille에 들여온 것이 최초라고 할 수 있다. 이미 콘스탄티노플에는 1554년부터 커피를 마실 수 있는 카페가 있었기 때문이다. 그러나 정작 커피가 대중에게 알려지게 되는 것은 1660년경, 리옹Lyon을 중심으로다. 리옹이 외래 문물을 쉽게 받아들여 유행시키는 특성을 지니고 있던 도시였기 때문이다.

물론 마르세유에 커피가 소개되는 것과 거의 같은 시기에 파리에도 근동 출신의 상인에 의해 café라는 이름 대신 cahove 또는 cahouet로 불리며 쌩-자크Saint-Jacques 근처의 작은 가게에서 커피가 팔리긴 했지만 전혀 관심을 받지 못한다. 왜냐하면 귀족이나 특수 계층이 아니면 엄두를 내지 못할 정도로 원두의 가격이 비쌌기 때문이다. 이후 원두 값이 내리면서 점차 커피가 대중에게 가까이 갈 수 있게 되자, 1672년 아르메니아 출신의 파스칼이 쌩-제르맹-데-프레Saint-Germain-des-Prés 시장에 이스탄불과 유사한 카페를 열게 된다. 이곳이 카페라고 부를 수 있는 프랑스 최초의 카페라고 할 수 있지만, 불행하게도 이 카페는 오래가지 못하고 곧 문을 닫게 된다. 커피에 대한 파리 시민의 관심이 점차 시들해졌기 때문이다. 그 후, 또 다른 아르메니아인들과 페르시아(현재의 이란)인들이 카페의 운영을 승계하거나, 인수해 장소를 옮겨가며 영업을 계속했으나, 그 당시의 카페는 오늘날의 카페의 분위기와는 상당한 차이가 있었다. 왜냐하면 커피의 본고장이 중동이었던 까닭에, 카페의 성격 역시 파리 시민들을 위한 사교의 장소가 아니라 고국을 떠나온 이방인, 즉 자신들의 향수를 달래기 위한 아랍인들의 만남의 장소였다. 고향 소식을 묻거나, 자식에 관한 이야기를 나누거나, 일자리를 찾거나, 한 달 수입이 얼마나 되는

Un café du XVIIIe siècle (18세기 카페의 모습)

Le Procope   Brasserie Lipp

지 등 그들에게 카페는 회포를 풀고 정보를 얻고 함께 술을 마시고 마음을 여는 그들 삶의 일부이며, 삶 자체였다고 할 수 있다. 그러나 이 같은 아랍풍 카페의 모습이 파리 시민들에게는 두려움이 느껴질 정도로 너무나 이질적이었다. 더럽고, 어두침침하고, 늘 연기가 자욱하고, 게다가 맥주나 커피의 질도 너무나 안 좋은 곳, 이것이 바로 파리 시민들의 눈에 비친 당시 카페의 모습이었다.

 결국 카페는 상류층이 꺼리는 장소로 인식됐으며, 심지어 절대로 가서는 안 되는 범죄의 온상으로까지 인식되게 된다. 이때 등장한 사람이 바로 그 유명한 시칠리아 빨레르모 출신의 프란체스코 쁘로꼬피오 데이 꼴뗄리Francesco Procopio dei Coltelli다. 그는 페르시아의 옛 수도인 이스파한 출신의 그레구아르Grégoire로부터 카페를 인수해, 1686년 자신의 이름을 붙인 르 프로코프le procope를 열었다. 기존의 카페와는 달리 외관과 실내 장식을 밝고 화려하게 꾸미자, 사람들이 급속히 이곳에 몰려들기 시작했다. 그만큼 파리 시민들은 이 같은 카페의 출현을 애타게 기다리고 있었다고 할 수 있다. 더욱이 카페가 꼬메디 프랑세즈(Comédie-Française, 프랑스 국립극장) 앞이라는 위치적인 이점이 일약 르 프로코프를 파리의 명소로 만들어 준 결정적 계기라 할 수 있다.

 이후 볼테르, 디드로, 루소 같은 문인과 벤저민 프랭클린, 토마스 제퍼슨 등 미국의 독립에 기여한 두 사람도 이곳에 들렀으며, 프랑스 혁명기인 1790년 정치적 성격을 띤 꼬르들리에 클럽club des Cordeliers을 주도한 당똥Danton과 마라Marat도 주 고객이었다. 오늘날에도 예술가와 문인들의 만남의 장소로 애용하는 곳으로 르 프로코프와 카페 드 라 빼Café de la paix는 지금도 존속해 세계인의 사랑을 받고 있다. 하지만 단순히 음료나 간단한 식사로 출발한 Café Procope는 현재 카페의 성격보다는 고급 레스토랑의 기능에 더 치중하고 있다고 할 수 있다.

Coup d'œil

파리를 방문하는 관광객들이 자주 찾는 카페 1위와 2위가 쌩-제르맹-데-프레 거리에 있는 카페 드 플로르Café de Flore와 레 되 마고Les Deux Magots이다. 1907년경 금세기 최고의 화가 파블로 피카소와 조르주 브라크가 만나면서 큐비즘이라는 미술 장르를 창시한 곳도 바로 카페 레 되 마고다. 1939년에는 바로 옆 카페 드 플로르가 예술가나 문학가, 지식인들의 만남의 장소가 된다. 장 뽈 싸르트르와 시몬 드 보부아르는 매일 저녁 이 카페에 와서 글도 쓰고 토론도 했다고 한다. 전후 실존주의 문학이 탄생한 곳도 바로 쌩 제르멩 거리의 이런 카페들에서였다.

Café de Flore

Café Les Deux Magots

이 이외에 Brasserie Lipp, Café de la Paix, Café Angelina, Café La Rotonde, Café La Coupole, Café Le Dôme 역시 철학자, 문인, 예술가, 정치가, 극작가, 패션 디자이너 등 한 시대를 풍미했던 향내 나는 사람들의 체취를 흠뻑 느낄 수 있는 곳이다.

알아두면 유용한 속담
Les poussières qui s'amassent forment une montagne. / 티끌 모아 태산.

Leçon 7

공항에서의 필수적인 표현   Rien à déclarer !

L'inspecteur	:	Bonjour, votre passeport, s'il vous plaît.
La touriste	:	Tenez, monsieur.
L'inspecteur	:	Quelle est votre profession?
La touriste	:	Je suis dentiste.
L'inspecteur	:	Vous venez d'où?
La touriste	:	Je viens de Corée.
L'inspecteur	:	Pourquoi vous venez en France?
La touriste	:	Pour visiter le pays.
L'inspecteur	:	Combien de temps vous restez en France?
La touriste	:	Une semaine.
L'inspecteur	:	C'est la première fois?
La touriste	:	Non, c'est la deuxième fois.
L'inspecteur	:	Vous avez quelque chose à déclarer?
La touriste	:	Non, je n'ai rien à déclarer.

B

Nicole : On est le combien aujourd'hui?

Eric : Aujourd'hui, c'est le 2 juin.

Nicole : Tiens, c'est Claire. Elle part en vacances.

Eric : Qui est-ce?

Nicole : C'est une amie de classe.

Eric : Où est-ce qu'elle va?

Nicole : Elle va en Italie.

Eric : Quel âge a-t-elle?

Nicole : Elle a vingt-deux ans.

Eric : Elle a l'air sympathique.
En plus, elle est belle. Elle a de beaux yeux bleus.

Nicole : Elle est très gentille. Tout le monde l'aime bien.

Eric : Qu'est-ce qu'elle fait dans la vie?

Nicole : Elle est étudiante en médecine.
Mais tu es bien curieux!

Eric : Allez! Dépêche-toi, nous allons rater l'avion.

어휘 및 관용구

- **inspecteur(trice)** n. 검사관
- **touriste** n. 관광객, 여행객
- **passeport** n.m. 여권
- **Tiens(Tenez)** [감탄사] 1. (놀람) 어머나, 아니, 어 2. (주위의 환기, 물건을 건네줄 때) 자, 여기 있어요.
- **profession** n.f. 직업
- **dentiste** n. 치과 의사
- **visiter** v. 방문하다, 여행(관광)하다.
- **pays** n.m. 나라, 국가
- **rester** v. (같은 장소에) 있다, 체류하다.
- **semaine** n.f. 주
- **quelque chose** [부정대명사] 어떤 것(일), 무엇인가
- **déclarer** v. 신고하다.
- **rien** [부정대명사] 아무것도
- **partir** v. 떠나다.
- **vacances** n.f.pl. 방학, 휴가
- **ami(e)** n. 친구
- **classe** n.f. 학급, 반
- **âge** n.m. 나이
- **sympathique** a. 호감이 가는
- **beau(belle)** a. 아름다운, 멋진
- **yeux** n.m.pl. 눈
- **tout(e)** a. 전부, 전체
- **faire** v. 하다, 행동하다.
- **curieux(se)** a. 호기심이 많은
- **se dépêcher** v. 서두르다.
- **rater** v. 놓치다, 실패하다.
- **avion** n.m. 비행기
- **aéroport** n.m. 공항

문법

■ 소유형용사

소유형용사는 다음에 오는 명사의 성·수에 따라 형태가 변화한다.

소유자	남성단수 (m.s.)	여성단수 (f.s.)	복수 (m.f.pl.)
나의	mon	ma	mes
너의	ton	ta	tes
그의 / 그녀의	son	sa	ses
우리들의	notre	notre	nos
당신(들)의	votre	votre	vos
그들의 / 그녀들의	leur	leur	leurs

예) le livre de Paul → son livre (그의 책)
　　la voiture de Pierre → sa voiture (그의 자동차)
　　la maison de mes parents → leur maison (그들의 집)
　　les enfants de M. et Mme Kim → leurs enfants (그들의 아이들)

- 모음이나 무음 h로 시작하는 여성단수 명사 앞에서 ma, ta, sa 대신에 mon, ton, son을 사용하고 연독한다.
  예) ma + école = mon école (나의 학교)
  　　ta + amie = ton amie (너의 여자 친구)
  　　sa + histoire = son histoire (그 또는 그녀의 이야기)

- 성에 따르는 변화는 소유자의 성과는 관계없이 피소유물의 성에 관계된다.
  예) le père de Sylvie → son père (그녀의 아버지)
  　　la mère de Daniel → sa mère (그의 어머니)

■ 의문형용사 / 감탄형용사

의문의 뜻을 나타내는 형용사로서 명사 앞에서 '어떤, 무슨' 이란 뜻을 가지며 명사의 성·수에 따라 변한다. 단 발음은 모두 같다.

	남성 (m.)	여성(f.)
단수 (s.)	quel	quelle
복수 (pl.)	quels	quelles

- 한정적 용법
  예) Quel âge avez-vous? (당신은 몇 살입니까?)
  Quel temps fait-il? (날씨가 어때요?)
  Quelle heure est-il maintenant? (지금 몇 시입니까?)
  Quel jour est-ce aujourd'hui? (오늘은 며칠, 또는 무슨 요일입니까?)

- 서술적 용법 : être 동사의 속사로 '무엇' 또는 '얼마'의 의미를 가진다.
  예) Quel est votre nom? (당신의 이름은 무엇입니까?)
  Quelle est votre profession? (당신의 직업은 무엇입니까?)
  Quelle est votre nationalité? (당신의 국적은 어디입니까?)

- Quel 은 의문형용사외에 감탄형용사로도 쓰인다. (voir p.109)
  예) Quel beau temps! (화창한 날씨구나!)   Quelle bonne idée! (참 좋은 생각이다!)
  Quels grands arbres! (나무들 진짜 크다!) Quelles belles fleurs! (꽃들이 참 예쁘다!)

■ 지시형용사

명사 앞에 관사 대신 사용하여 '이, 그, 저'의 의미로 사용된다.
뒤에 오는 명사의 성·수에 따라 변화한다.

	남성 (m.)	여성 (f.)
단수 (s.)	ce (cet)	cette
복수 (pl.)	ces	ces

예) Ce livre est à moi. (이 책은 내 것이다)
Cette fille est très belle. (이 소녀는 아주 예쁘다)
Ces cahiers sont très chers. (이 공책들은 아주 비싸다)

- 모음이나 무음 h로 시작하는 남성단수 명사 앞에서 지시형용사 ce는 cet로 변화한다.
  예) Cet homme n'est pas gentil. (이 남자는 친절하지 않다)
  Je veux acheter cet ordinateur. (나는 이 컴퓨터를 사고 싶다)

- 지시형용사가 시간을 나타내는 명사 앞에 놓이면 가까운 시간을 나타내며 '오늘, 이번' 등의 뜻으로 쓰인다.
  예) Elle va à la mer cet été. (그녀는 이번 여름에 바다에 간다)
  Je vais à la piscine ce matin. (나는 오늘 아침에 수영장에 간다)

■ 부정형용사 (tout)

'모든'이란 의미의 형용사로 관사나 지시형용사 또는 소유형용사 앞에 놓이며 명사의 성·수에 일치한다.

	남성 (m.)	여성 (f.)
단수 (s.)	tout	toute
복수 (pl.)	tous	toutes

tout le monde (모든 사람)   tout le temps (줄곧, 내내)
toute la journée (하루 종일)   toute la matinée (오전 내내)
tous les jours (매일)   tous ces livres (이 모든 책)
toutes mes amies (내 모든 여자 친구) tous les chemins (모든 길)

예) Tout le monde aime PSY. (모든 사람들이 싸이를 좋아한다)
Il parle tout le temps. (그는 줄곧/쉬지 않고 말한다)
Il pleut toute la journée. (하루 종일 비가 내린다)
Je marche toute la matinée. (나는 아침 내내 걷는다)
Je vais à l'université tous les jours. (나는 날마다 학교에 간다)
Tous ces livres sont chers. (이 모든 책들은 비싸다)
Toutes mes amies chantent bien. (내 모든 여자 친구들은 노래를 잘한다)
Tous les chemins mènent à Rome. (모든 길은 로마로 통한다)

■ faire 동사의 현재 변화형(하다, 행동하다)

je	fais	nous	faisons
tu	fais	vous	faites
il/elle	fait	ils/elles	font

■ 서수사

• 기수사 + ième

1er	premier (première)	11e	onzième
2e	deuxième / second(e)	12e	douzième
3e	troisième	17e	dix-septième
4e	quatrième	20e	vingtième
5e	cinquième	21e	vingt et unième
6e	sixième	30e	trentième
7e	septième	80e	quatre-vingtième
8e	huitième	100e	centième
9e	neuvième	101e	cent unième
10e	dixième	1000e	millième

• 첫 번째는 남성과 여성의 구별이 있다 : premier / première
  예) le premier prix   la première leçon

• 마지막에도 남성과 여성의 구별이 있다 : dernier / dernière
  예) le dernier jour   la dernière classe

• 두 번째는 deuxième 혹은 second(e)의 두 형태 중 하나를 쓴다.
  예) le deuxième rang   la deuxième place

• 끝이 e로 끝난 경우 모음 e를 생략하고 **ième**을 붙인다.
  예) quatre → quatrième   douze → douzième

• f → **v**로 q → **qu**로 바꾸고 **ième**를 붙인다.
  예) neuf → neuvième   cinq → cinquième

일상에서 자주 사용하는 표현

① 전치사 + 국가명의 표현

aller à / en (~에 가다) : 행선지

- aller + au + 남성국가명 : le Japon, le Canada, le Mexique, le Portugal
- aller + en + 여성국가명 : la Chine, la France, la Corée, l'Espagne
- aller + aux + 복수형 국가명 : les États-Unis, les Pays-Bas

venir de (~로부터 오다) : 출발지

- venir + du + 남성국가명 : venir du Japon, venir du Mexique
- venir + de / d' + 여성국가명 : venir de Chine, d'Espagne, de France
  이때 정관사 la는 생략된다.
- venir + des + 복수형 국가명 : venir des États-Unis

② 부정대명사 rien / quelque chose의 표현

- 부정대명사 rien이 사용되면 부정의 표현 ne~pas에서 pas가 생략된다.
  예) Je n'ai rien à déclarer. (신고할 것이 아무것도 없습니다)

- rien과 quelque chose를 형용사로 수식하려면 부정대명사와 형용사 사이에 de를 삽입한다.
  예) Il n'y a rien de bizarre. (이상한 것은 아무것도 없어요)
      Avez-vous quelque chose d'intéressant? (뭐 재미있는 일이라도 있나요?)

③ 날짜에 대한 표현

On est le combien? (며칠입니까?)   On est le 1er mai.
Nous sommes le combien?   Nous sommes le 2 mai.
C'est le combien aujourd'hui?   Aujourd'hui, c'est le 3 mai.

- le + (날짜) 기수 + 월 : Aujourd'hui, c'est le trois octobre.
- 주어와 동사는 c'est, on est, nous sommes를 쓸 수 있다.
- 매월 1일의 경우에는 서수를 사용한다. : Aujourd'hui c'est le premier avril.

avant-hier (그저께) hier (어제) aujourd'hui (오늘) demain (내일) après-demain (모레)

Exercices

I. 빈칸에 알맞은 소유형용사를 넣으시오.

1) C'est la voiture de Jean? Oui, c'est _____ voiture.

2) C'est l'amie de Philippe? Oui, c'est _____ amie.

3) Ce sont les photos des parents? Oui, ce sont _____ photos.

4) Le livre sur la table est à toi? Oui, c'est _____ livre.

5) Ils prennent _____ voiture pour aller à l'aéroport.

II. 빈칸에 알맞은 지시형용사를 넣으시오.

1) J'aime _____ film.

2) Mes parents aiment _____ jeune fille.

3) _____ homme est professeur de français.

4) _____ hôpitaux sont très connus.

5) Nous allons visiter le musée de Rodin _____ semaine.

III. 빈칸에 알맞은 의문형용사를 넣으시오.

1) _____ âge as-tu?

2) Vous êtes de _____ pays?

3) _____ est votre profession?

4) _____ heure est-il?

5) _____ sont les problèmes de cette classe?

IV. 빈칸에 tout의 알맞은 변화형을 넣으시오.

1) _____ le monde parle de cette chanson.

2) En Corée, _____ les saisons sont belles.

3) Tu travailles _____ la journée.

4) _____ les livres sont utiles.

5) On travaille _____ les jours.

V. 빈칸에 faire 동사의 변화형을 넣으시오.

1) Le dimanche, je _____ la sieste.

2) Ils _____ du sport tous les jours?

3) Nous _____ les courses au marché.

4) Qu'est-ce que vous _____ dans la vie?

5) Elle _____ la vaisselle après le dîner.

VI. 프랑스어로 옮기시오.

1) 오늘은 며칠입니까? 7월 14일입니다.

2) 국적이 어디입니까?

3) 신고할 것은 없습니까?

4) 나는 일본에 갑니다.

5) 당신은 프랑스에서 오셨습니까?

Quel est votre nom? (당신의 이름은 무엇입니까?)

Quel âge avez-vous? (당신은 몇 살입니까?)

Quelle est votre adresse? (당신의 주소는 어디입니까?)

Quelle est votre profession? (당신의 직업은 무엇입니까?)

Quelle est votre nationalité? (당신의 국적은 어디입니까?)

Amusez-vous

■ 십자말풀이(Mots croisés)

바둑판과 같은 바탕에 해답의 글자 수만큼 빈칸을 가로와 세로로 엇갈리게 배열해놓고, 가로로 답을 하는 문제와 세로로 답을 하는 문제를 풀어서 빈칸을 채우는 십자말풀이 놀이이다. 아래의 문제를 읽고 해당하는 낱말을 찾아 빈칸을 채워 보자.

〈가로〉

1. 식사 전에 프랑스인들은 *"맛있게 드세요"*라는 말을 늘 합니다.
("_____ appétit")
4. 공연이 시작한 다음에는 관객이 들어가지 못하도록 출입문을 *닫습니다*.
(_____ la porte)
7. 솜브레로는 멕시코 인들이 쓰는 *챙이 넓은 펠트 모자*를 말합니다.
(Le _____)
8. 언젠가 인간은 태양에서 네 번째로 가까운 행성인 화성에 *가게 될 것입니다*.
(aller의 미래형 _____)
9. 다른 유럽 국가들과 마찬가지로 프랑스에서도 귀족의 직위별 명칭 또한 공작(Duc), 후작(Marquis), 백작(Comte), 자작(Vicomte), 남작(Baron)으로 구분을 짓습니다. 귀족의 부인에 대한 호칭은 남편의 직위에 따라 달라집니다. 예를 들어 공작부인은 (duchesse), 백작부인은 (comtesse), 자작부인은 (vicomtesse), 남작부인은 (baronne)입니다. 그렇다면 후작부인은 무엇이라 부릅니까?
(la _____)
12. 대부분의 사람들은 주말을 제외하고 *매일* 일합니다. (_____ les jours de la semaine)
13. 'Non'의 반대어로, 긍정의 대답. (_____)
14. 화재를 이르는 말. (_____)
15. *"Notre Seigneur"*(주님)의 약자. (_____)
16. 몸을 움직여 동작을 하거나 어떤 일을 하다. (_____)
18. 소금. (_____)
19. 오늘은 무슨 요일입니까? (_____ jour sommes-nous aujourd'hui?)

〈세로〉

1. 술을 마신 후에 자동차를 운전하는 것은 위험합니다.
(après avoir _____)
2. 작은 초원을 지칭하는 말입니다. (un _____)
3. 마음이 가난한 사람은 행복하다. (une personne _____)
4. 서양 음악의 7음 체계에서, 네 번째 계이름. (_____)
5. 남자와 여자가 부부가 되다. (_____)
6. 사람이나 동물이 추위, 더위, 비바람 따위를 막고 그 속에 들어가 살기 위하여 지은 건물.
(_____)
7. 예전에, 적을 막기 위하여 흙이나 돌 따위로 높이 쌓아 만든 담. 또는 그런 담으로 둘러싼 구역. (_____)
10. 흔히 비가 그친 뒤 태양의 반대쪽에서 나타나는 무지개는 보통 바깥쪽에서부터 주황, 노랑, 초록, 파랑, 남색, 보라의 차례로 색을 띱니다. 이 중에 빠진 색깔은 무엇일까요?
(_____)
11. 'Que'가 모음 앞에서 축약으로 인해 변형된 형태. (_____)
17. 지금 몇 시입니까? (Quelle heure est- _____ ?)
20. 헤어질 때 하는 인사말. (Au revoir! _____ demain)

알아두면 유용한 속담

Si tu es pressé, fais un détour. / 바쁠수록 돌아가라.

Leçon 8

호텔에서의 필수적인 표현   *Avez-vous une chambre libre ?*

Le réceptionniste	:	Bienvenue, mademoiselle. Vous avez une réservation?
La touriste	:	Oui, voici le numéro de réservation. Je suis mademoiselle Kim.
Le réceptionniste	:	Un moment, s'il vous plaît. Eh bien, tout est en règle. Voici votre clé. C'est la chambre 324, au troisième étage.
La touriste	:	Y a-t-il un ascenseur?
Le réceptionniste	:	Oui, traversez la salle et prenez le deuxième couloir à gauche. N'oubliez pas de prendre votre clé.
La touriste	:	Oui, merci bien.
La touriste	:	Quelle belle chambre! Elle me plaît beaucoup! En plus, qu'est-ce qu'il fait beau, aujourd'hui! Je vais faire un tour en ville.

B

La réceptionniste	:	Hôtel de Cluny, bonjour!
Le client	:	Bonjour, est-ce que vous avez une chambre libre pour demain soir?
La réceptionniste	:	Vous préférez une chambre avec un grand lit ou deux lits jumeaux?
Le client	:	Avec un grand lit, s'il vous plaît.
La réceptionniste	:	Cet été, c'est presque complet. Attendez... Quelle chance! Nous avons une chambre avec salle de bains à 70 euros.
Le client	:	Ah bon? Le petit-déjeuner est compris?
La réceptionniste	:	Non, monsieur, il n'est pas compris. Le petit-déjeuner est à 8 euros par personne.
Le client	:	Très bien. Je prends la chambre.
La réceptionniste	:	C'est à quel nom?
Le client	:	Au nom de Dupont.

어휘 및 관용구

- **bienvenu(e)**　a. 알맞은 때에 온, 반가운, 환영받는
- **réception**　n.f. (호텔 따위의) 프론트
- **réceptionniste**　n. (호텔,기업, 관청의) 안내원
- **touriste**　n. 관광객, 여행객
- **client(e)**　n. 손님, 고객
- **réservation**　n.f. 자리 예약
- **règle**　n.f. 규칙
  - **en règle**　법규에 맞는, 정규의
- **clé**　n.f. 열쇠
- **chambre**　n.f. 방
- **étage**　n.m. (건물의 2층 이상의) 층, 단
- **ascenseur**　n.m. 승강기, 엘리베이터
- **traverser**　v. 건너다, 가로지르다, 통과하다.
- **salle**　n.f. 홀
- **prendre**　v. (길이나 방향을) 택하다.
- **couloir**　n.m. 복도, 통로
- **gauche**　a. 왼쪽의
  - **à gauche**　왼쪽에, 좌측으로
- **oublier**　v. 잊다
- **plaire**　v. ~의 마음에 들다.
  - **plaire à + qn**　~의 환심을 사다.
- **beaucoup**　ad. 많이
- **en plus**　게다가
- **beau(belle)**　a. 날씨가 좋은
- **aujourd'hui**　ad. 오늘
- **tour**　n.m. 한 바퀴 돌기, 일주, 산책
  - **faire un tour en ville**　시내를 한 바퀴 돌다.
- **préférer**　v. 더 좋아하다, 선호하다.
- **grand(e)**　a. 큰, 커다란
- **lit**　n.m. 침대
- **jumeau(elle)**　a. 쌍둥이의, 한 쌍을 이루는
- **complet(ète)**　a. 완전한, 만원인
- **été**　n.m. 여름
- **petit(e)**　a. 작은

- **attendre**　v. 기다리다.
- **bain**　n.m. 목욕
  - **salle de bains**　목욕탕, 욕실
- **petit-déjeuner**　n.m. 아침식사, 조반
- **compris(e)**　a. 포함된
- **personne**　n.f. 사람
- **nom**　n.m. 이름

문법

■ 부정문

- 프랑스어의 부정문은 동사의 앞에는 ne, 뒤에는 pas를 동시에 위치시킨다.
  예) Je suis étudiant.　　　　　Je ne suis pas étudiant.
  　　Nous sommes coréens.　　Nous ne sommes pas coréens.

- 부정의 ne는 모음이나 무음 h로 시작하는 동사 앞에서 모음 생략에 의해 n'가 된다.
  예) Il est professeur.　　　　Il n'est pas professeur.
  　　J'aime la musique.　　　Je n'aime pas la musique.

- 부정문에서 타동사의 직접목적보어로 쓰인 명사 앞에서 부정관사와 부분관사는 de로 바뀐다.
  예) Il y a un bal.　　　　　→　Il n'y a pas de bal.
  　　J'ai une poupée.　　　→　Je n'ai pas de poupée.
  　　Tu as des frères.　　　→　Tu n'as pas de frères.
  　　Il mange du pain.　　　→　Il ne mange pas de pain.
  　　Il y a de la viande.　　→　Il n'y a pas de viande.
  　　Prenez-vous du café?　→　Non, je ne prends pas de café.
  　　Voulez-vous de la soupe?　→　Non, je ne veux pas de soupe.

■ 의문문

의문문을 표현하는 방식에는 다음의 세 가지 형식이 있다.

(1) 억양에 의한 의문문 : 평서문에서 끝을 올려 읽는다.
　　예) Vous êtes français? (↗)

(2) est-ce que에 의한 의문문 : 평서문 앞에 **est-ce que**를 붙여 만든다.
　　이때 que 다음에 모음이나 무음 h가 오면 qu'로 축약시킨다.
　　예) Est-ce que vous êtes français?
　　　　Est-ce qu'il est journaliste?

(3) 도치형 의문문
　　주어와 동사의 어순을 바꾸는 방법으로 주어가 인칭대명사일 경우 동사를 문장 앞에 놓고 연결부호(trait d'union)로 동사와 주어를 연결한다.

예) Êtes-vous marié?
　　Sont-ils étudiants?
　　Est-ce un livre?

- 3인칭 단수 (il /elle)로 동사가 모음으로 끝난 경우, 도치된 주어와 동사 사이에 모음충돌을 피하기 위해 **t**를 발음상 삽입한다.
  예) a-t-il, a-t-elle, aime-t-il, aime-t-elle
  　　Aime-t-il la cuisine italienne?

- 주어가 명사일 경우 우선 주어 명사를 맨 앞에 놓고, 다음에 동사, 그 뒤에 인칭대명사로 앞의 명사를 받는다.
  예) Sophie est française.　→　Sophie est-elle française?
  　　Paul nage bien.　→　Paul nage-t-il bien?
  　　Pierre va à Paris.　→　Pierre va-t-il à Paris?

■ 명령문

명령문은 상대방에게 명령하거나 권유하는 표현으로 주어를 생략하고 동사의 현재 인칭 변화를 그대로 사용한다. 프랑스어의 명령문에는 tu, nous, vous에 대한 세 가지 형태가 있다.

parler	aller	finir	faire
Parle	Va	Finis	Fais
Parlons	Allons	Finissons	Faisons
Parlez	Allez	Finissez	Faites

예) Tu fais ton devoir.　→　Fais ton devoir!
　　Nous parlons français　→　Parlons français!
　　Vous travaillez bien.　→　Travaillez bien!

- 1군 규칙동사는 2인칭 단수 변화형에서 마지막 **s**를 생략한다.
  예) Tu danses.　→　Danse!
  　　Tu fermes la porte.　→　Ferme la porte!

- 3군 불규칙동사 중 1군·2군 동사와 같은 어미를 갖는 동사(aller, ouvrir, offrir)의 2인칭 단수명령문에서도 마지막 **s**를 생략한다.
  예) Tu vas au restaurant　→　Va au restaurant!
  　　Tu ouvres la fenêtre　→　Ouvre la fenêtre!

- 긍정명령문에서 목적보어는 동사 뒤에 놓고 연결부호(trait d'union)로 연결한다.
  이때 me와 te는 각각 moi와 toi로 바뀐다.
  예) Vous me prêtez ce stylo. → Prêtez-moi ce stylo!
  　　Tu me donnes un cadeau. → Donne-moi un cadeau!
  　　Tu te reposes.　　　　　　 → Repose-toi!

- 부정명령문은 보통 문장과 마찬가지로 동사의 앞과 뒤에 ne~pas가 붙는다.
  또, 부정명령문에서는 목적보어가 그대로 동사 앞에 붙는다.
  예) Tu ne chantes pas fort.　　→ Ne chante pas fort!
  　　Vous ne quittez pas.　　　　→ Ne quittez pas!
  　　Tu ne me dis pas cela.　　　→ Ne me dis pas cela!

- 목적보어 대명사가 두 개일 경우 동사 + 직접목적어 + 간접목적어의 순서가 된다.
  예) Donne-le-moi. (그것을 내게 줘)　　　Dites-le-lui. (그것을 그에게 말하세요)
  　　Envoyons-les-leur. (그것들을 그들에게 보냅시다)

■ 감탄문

대략 다음의 형태로 나누어 볼 수 있다.

- 어휘와 억양으로 표현되는 감탄문
  예) C'est formidable! (멋진데!)　　　Tu es vraimemt gentil! (정말 친절하구나!)

- Quel은 의문형용사 외에 감탄형용사로도 쓰인다.
  예) Quel beau temps! (화창한 날씨구나!)　　Quelle chance! (정말 운이 좋다!)
  　　Quelle belle chambre! (멋진 방이구나!)

- 평서문 앞에 Que, Qu'est-ce que, Comme 등을 붙인 감탄문
  예) Qu'il fait chaud!　　　　　　Qu'est-ce qu'il fait chaud!
  　　Comme il fait chaud! (참으로 날씨가 덥군요!)

- Que de + 명사, Combien de + 명사
  예) Que de monde! (사람이 많구나!)
  　　Combien de temps j'ai perdu! (내가 잃어버린 수많은 시간들!)

일상에서 자주 사용하는 표현

❶ 날씨에 대한 표현

Quel temps fait-il en Corée? (한국은 날씨가 어떻습니까?)
Il fait très chaud en été et il fait très froid en hiver. (여름에는 덥고 겨울에는 춥습니다)

- **Il fait** + 형용사 (날씨가 ~하다)
  예) Il fait beau / mauvais. (날씨가 좋다 / 나쁘다)
  　　Il fait chaud / froid / frais. (날씨가 덥다 / 춥다 / 서늘하다)

- **Il y a** + 부분 관사 + 명사 (~있다)
  예) Il y a du soleil. (해가 난다, 햇빛이 있다)
  　　Il y a des nuages (구름이 있다)
  　　Il y a du vent. (바람이 분다)
  　　Il y a de l'orage. (천둥 또는 비바람이 친다)
  　　Il y a de la pluie / de la neige. (비가 또는 눈이 온다)
  　　Il y a du brouillard. (안개가 끼어 있다)

- 비인칭동사 구문
  예) Il pleut. (비가 온다)
  　　Il neige. (눈이 온다)
  　　Il tonne. (천둥이 친다)
  　　Il gèle. (영하의 추위다)

❷ 계절에 대한 표현

En quelle saison sommes-nous? (어느 계절입니까?)
Nous sommes en automne. (가을입니다)
Il y a quatre saisons en Corée :
le printemps, l'été, l'automne et l'hiver.
(한국에는 봄, 여름, 가을, 겨울 사계절이 있습니다)
　　Au printemps, il fait doux. (봄에는 날씨가 따뜻하다)
　　En été, il fait chaud. (여름에는 날씨가 덥다)
　　En automne, il fait frais. (가을에는 날씨가 서늘하다)
　　En hiver, il fait froid. (겨울에는 날씨가 춥다)

Exercices

I. 주어진 동사를 알맞은 현재형으로 바꾸시오.

1) Tu _____ le café ou le thé? (préférer)

2) Ils _____ du vin. (prendre)

3) Cette chambre me _____ beaucoup. (plaire)

4) On _____ une promenade. (faire)

5) Vous _____ votre ami? (attendre)

II. 다음 문장을 명령문으로 고쳐 쓰시오.

1) Tu regardes cette dame.

2) Nous attendons notre professeur.

3) Vous me donnez cette fleur.

4) Tu ne chantes pas fort.

5) Vous faites vos devoirs.

III. 다음 문장을 부정문으로 고치거나 부정문으로 답하시오.

1) J'habite à Séoul.

2) La chambre est petite.

3) Nous aimons la cuisine française.

4) Tu as une sœur? Non, _____.

5) Ils ont des enfants? Non, _____.

6) Vous avez du temps? Non, _____.

7) Il mange du porc? Non, _____.

8) Elles boivent de la bière? Non, _____.

9) Ils ont du courage? Non, _____.

10) Tu as un livre? Non, _____.

IV. 다음과 같은 답이 나오도록 도치의문문 형식으로 질문하시오.

1) _____? Non, je ne suis pas marié.

2) _____? Oui, il aime la cuisine italienne.

3) _____? Oui, il est célibataire.

4) _____? Elle s'appelle Marie.

5) _____? Oui, Paul nage bien.

V. 다음 문장을 프랑스어로 옮기시오.

1) 오늘 날씨가 어떻습니까?

2) 빈 방이 있습니까?

3) 아니요, 방이 없습니다.

4) 날씨가 참 좋군요!

5) 정말 좋은 생각이네요!

le printemps

l'été

l'automne

l'hiver

Quel temps fait-il aujourd'hui? (오늘 날씨가 어떤가요?)

En quelle saison sommes-nous? (어느 계절입니까?)

les quatre saisons de l'année (사계절) :

le printemps   l'été   l'automne   l'hiver

Documents

■ 프랑스 문학 LA LITTÉRATURE FRANÇAISE

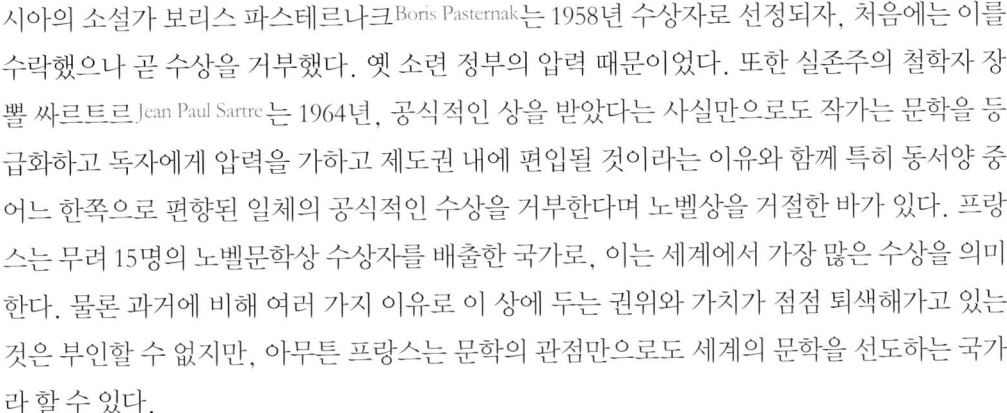

노벨문학상Prix Nobel de littérature은 "이상적인 영감의 소유자로서, 문학 분야에서 가장 괄목할 만한 작가에게 수여하라"는 알프레드 노벨의 유언에 따라 1901년부터 해마다 전 세계의 작가에게 주는 상이다. 일곱 번을 제외하고 2013년 현재 113명의 수상자를 선정 발표한 이 상은 수상자 본인은 물론 해당 국가에도 크나큰 영광으로 받아들여지고 있다. 그러나 수상을 거부한 경우도 있다. 소설『닥터 지바고』로 유명한 러시아의 소설가 보리스 파스테르나크Boris Pasternak는 1958년 수상자로 선정되자, 처음에는 이를 수락했으나 곧 수상을 거부했다. 옛 소련 정부의 압력 때문이었다. 또한 실존주의 철학자 장 뽈 싸르트르Jean Paul Sartre는 1964년, 공식적인 상을 받았다는 사실만으로도 작가는 문학을 등급화하고 독자에게 압력을 가하고 제도권 내에 편입될 것이라는 이유와 함께 특히 동서양 중 어느 한쪽으로 편향된 일체의 공식적인 수상을 거부한다며 노벨상을 거절한 바가 있다. 프랑스는 무려 15명의 노벨문학상 수상자를 배출한 국가로, 이는 세계에서 가장 많은 수상을 의미한다. 물론 과거에 비해 여러 가지 이유로 이 상에 두는 권위와 가치가 점점 퇴색해가고 있는 것은 부인할 수 없지만, 아무튼 프랑스는 문학의 관점만으로도 세계의 문학을 선도하는 국가라 할 수 있다.

역대 프랑스 노벨문학상 수상자 명단Liste des lauréats français du prix Nobel de Littérature은 다음과 같다.

- 1901 : Sully Prudhomme
- 1904 : Frédéric Mistral
- 1915 : Romain Rolland
- 1921 : Anatole France
- 1927 : Henri Bergson
- 1937 : Roger Martin du Gard
- 1947 : André Gide
- 1952 : François Mauriac
- 1957 : Albert Camus
- 1960 : Saint-John Perse
- 1964 : Jean-Paul Sartre
- 1985 : Claude Simon
- 2000 : Gao Xingjian
- 2008 : J. M. G. Le Clézio
- 2014 : Patrick Modiano

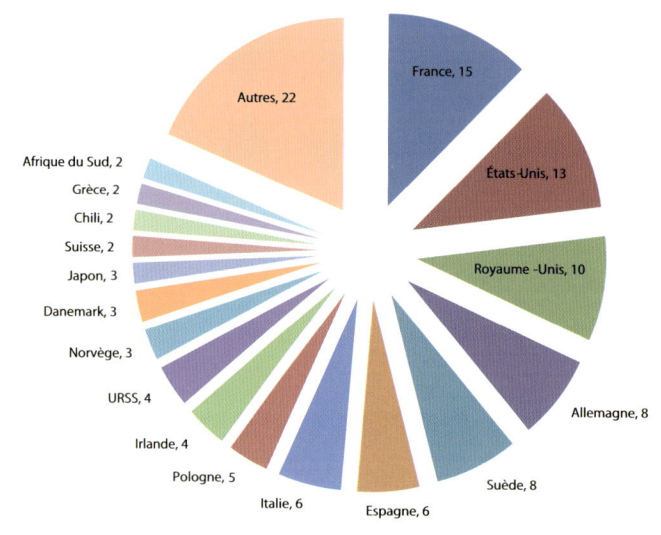

2019년 현재 노벨문학상 수상자 국가별 분포도 (Récompenses par nationalités à la date de 2019)

    문학과 언어에 대한 프랑스인들의 자부심과 각별한 애정 때문에, 문인들이 누리는 특권 또한 대단하다. 프랑스의 대문호들은 일종의 국가 영웅으로 간주된다. 그래서 국가를 위해 공헌한 인물들이 묻혀 있는 빵떼옹Panthéon에는 볼테르, 루소, 빅또르 위고, 에밀 졸라 등 수많은 문인이 정치가, 사상가 등과 더불어 '조국이 위대한 인물들에게 경의를 표하다(AUX GRANDS HOMMES LA PATRIE RECONNAISSANTE)'라는 입구의 글귀처럼 영원히 프랑스 국민들의 존경과 신망, 사랑을 받으며 잠들어 있는 것이다. 또한 시민들이 쉽게 접근할 수 있는 지하철역이나 길거리 곳곳에서도 그들의 이름을 쉽게 발견할 수 있듯이, 문인들은 무덤에서 부활해 프랑스 국민들의 일상에 녹아 함께 호흡하며 살아 숨 쉬고 있다고 할 수 있다.

파리의 클뤼니-라 소르본느 지하철역 천장에 모자이크로 장식된 장-바티스트 라신(Jean-Baptiste Racine)의 서명.
이곳에는 라신 이외에 빅또르 위고, 몰리에르, 랭보 들의 서명도 함께 있다.

Amusez-vous

뮤지컬 〈노트르담 드 파리〉는 프랑스의 대문호인 빅토르 위고의 동명 소설을 각색하여 무대에 올린 작품이다. 아래의 가사는 곱추인 콰지모도가 죽어가는 집시 여인인 에스메랄다를 품에 안고 절규하는 〈춤을 춰요, 나의 에스메랄다 Danse mon Esméralda〉의 노랫말이다. 'Mourir pour toi n'est pas mourir'라는 가사를 함께 한 자 한 자 음미해가며 콰지모도의 사랑을 조금이나마 느껴보자.

Danse mon Esméralda

Danse mon Esméralda
Chante mon Esméralda
Laisse-moi partir avec toi
Mourir pour toi n'est pas mourir

Danse mon Esméralda
Chante mon Esméralda
Viens t'endormir dans mes bras
Je te désire à en mourir

Danse mon Esméralda
Chante mon Esméralda
Au-delà de l'au-delà
Mourir pour toi n'est pas mourir

Danse mon Esméralda
Chante mon Esméralda
Laisse-moi partir avec toi
Mourir pour toi n'est pas mourir

Paroles et Musique: Luc Plamondon, Richard Cocciante, 1998

알아두면 유용한 속담
Affection aveugle raison. / 눈에 콩깍지가 씌었다.

Leçon 9

택시와 지하철을 탈 때의 필수적인 표현   Où est la station de métro ?

A

Le chauffeur	:	Bonjour! Où allez-vous?
La touriste	:	À l'hôtel George V, s'il vous plaît.
Le chauffeur	:	Mais c'est tout près, dix minutes à pied.
La touriste	:	Ah! Bon! Merci. Mais, vous pouvez me le montrer sur le plan?

B

L'étudiante	:	Monsieur, est-ce que je peux acheter des tickets ici?
L'employé	:	Oui, mademoiselle. Vous voulez un carnet?
L'étudiante	:	Qu'est-ce que c'est, un carnet?
L'employé	:	Dix tickets de métro.
L'étudiante	:	D'accord. Un carnet, s'il vous plaît. Pour aller au Louvre, à quelle station est-ce que je dois descendre?
L'employé	:	Vous devez descendre à la station *<Louvre-Rivoli>*. C'est direct. Et le musée du Louvre se trouve juste en face de la sortie.
L'étudiante	:	Merci bien. Je voudrais aussi un plan de métro, s'il vous plaît.

Michel : Où est-ce que tu vas?
Daniel : Je vais à Versailles.
Michel : Tu y vas comment?
Daniel : En voiture.
Michel : Dis donc, tu ne dois pas aller au garage?
Daniel : Mais, j'en viens!
Michel : Eh bien, retournes-y encore! Tu as vu tes pneus?
Daniel : Non, qu'est-ce qu'ils ont?
Michel : Celui de gauche est crevé.
Daniel : Ah, cette voiture, j'en ai marre!

어휘 및 관용구

- **chauffeur** n.m. 운전기사
- **taxi** n.m. 택시
- **touriste** n. 관광객, 여행객
- **hôtel** n.m. 호텔
- **pied** n.m. 발, 발걸음, 걸음걸이
  - **à pied** 걸어서, 도보로
- **pouvoir** v. ~할 수 있다.
- **montrer** v. 보여주다.
- **plan** n.m. 지도
- **acheter** v. 사다.
- **employé(e)** n. 종업원, 직원
- **ticket** n.m. 티켓
- **ici** ad. 여기에(서)
- **carnet** n.m. 쿠폰식 승차권, 회수권, 묶음
  - **carnet de métro(d'autobus)**
  (10장짜리) 지하철(시내버스)의 회수권
- **métro** n.m. 지하철
- **station** n.f. 정류장, 정거장, 역
- **prendre** v. 타다.
- **descendre** v. 내리다.
- **devoir** v. ~해야 한다.
- **direct(e)** a. 직통의, 직행의, 제일 빠른
- **se trouver** v. ~에 있다.
- **juste** ad. 바로
- **face** n.f. 얼굴, 앞면, 정면
- **en face de** 맞은편에
- **sortie** n.f. 출구
- **comment** ad. 어떻게
- **voiture** n.f. 자동차
- **Dites(Dis) donc!**
  아 참! 이봐! (주의를 끌거나 놀라움을 나타냄)
- **garage** n.m. 차고, 자동차 정비 공장
- **retourner** v. 되돌아가다.
- **pneu** n.m. 타이어

- **ceux** 지시대명사 celui의 복수형
- **gauche** n.f. 왼쪽, 좌측
- **crevé(e)** a. 터진, 구멍이 난, 펑크난
- **en avoir marre** (구어) 지긋지긋하다, 물리다.

문법

■ 보어 인칭대명사

직접목적보어 인칭대명사는 타동사의 목적어 '~을, ~를' 대신하는 대명사.
간접목적보어 인칭대명사는 전치사 à + 사람 명사일 경우 대체되며 '~에게'라는 의미로 해석된다.

		주어(는)	직접목적보어(을)	간접목적보어(에게)
단수	1인칭	je (j')	me (m')	me (m')
	2인칭	tu	te (t')	te (t')
	3인칭	il / elle	le / la (l')	lui
복수	1인칭	nous	nous	nous
	2인칭	vous	vous	vous
	3인칭	ils / elles	les	leur

- 괄호 안의 형태는 모음 또는 무음 h 앞에서 사용되는 축약형이다.
- 위치 : 동사 앞에 놓인다. (긍정명령문일 경우 제외)
- 부정문의 경우 ne는 인칭대명사 앞에 놓인다.

1. 직접목적보어 인칭대명사

Je connais **ce garçon**.　　　　　　Je **le** connais.
Il regarde **la télévision**.　　　　　Il **la** regarde.
Nous invitons **Paul et Sylvie**.　　Nous **les** invitons.
J'aime **la chanson française**.　　Je **l'**aime.
Tu **m'**aimes?　　　　　　　　　Oui, je **t'**aime.
　　　　　　　　　　　　　　　　Non, je ne **t'**aime pas.

Elle attend **ses enfants?**　　　　Non, elle ne **les** attend pas.

2. 간접목적보어 인칭대명사

Je parle **à Pierre**.　　　　　　　　Je **lui** parle.
Il donne des fleurs **à Marie**.　　Il **lui** donne des fleurs.
Elle montre sa photo **à ses amis**.　Elle **leur** montre sa photo.
Nous répondons **à notre professeur**.　Nous **lui** répondons.
Vous téléphonez **à votre père**.　　Vous **lui** téléphonez.

Tu **me** parles? Oui, je **te** parle.
　　　　　　　　　 Non, je ne **te** parle pas.

- 간접목적보어처럼 해석이 되나 직접목적보어를 갖는 동사
  - remercier quelqu'un　　~에게 감사하다
  - saluer quelqu'un　　　 ~에게 인사하다
  - prier quelqu'un　　　　~에게 부탁(기원)하다
  - 예) Je remercie mon professeur.　Je **le** remercie.

3. 위치

- 하나의 문장 안에 직접목적보어와 간접목적보어가 함께 있을 경우 간목 + 직목 + 동사 순이다.
  - 예) Elle me montre les photos.　Elle me **les** montre.

- 단 간접목적보어가 lui, leur일 때는 직목 + 간목 + 동사 순이다.
  - 예) Tu donnes ces fleurs à Marie.　Tu **les lui** donnes.

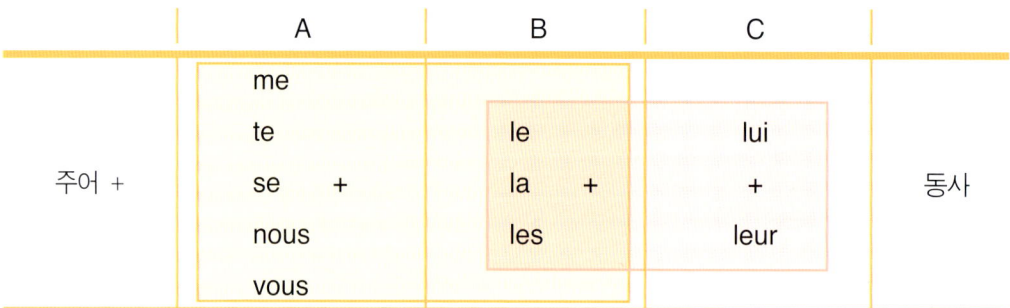

- 결합 순서 : A + B ou B + C
  - 예) Tu **me le** donnes.　　　 Je **te la** montre.
    　 Je **le lui** donne.　　　　Vous **les leur** montrez.
    　 Elle va **vous le** donner.　Il peut **les lui** montrer.

  - 예) François te laisse son adresse e-mail?　- Oui, il **me la** laisse.
    　 Tu envoies ce paquet à tes parents?　　- Oui, je **le leur** envoie.

■ 중성대명사

성·수의 변화가 없으며 동사 직전에 위치한다. 보어 인칭대명사와 함께 쓰일 때는 바로 그 뒤에 온다.

- **en** = de + 명사
  예) Parlez-vous de ce film?　　　　　　- Oui, nous en parlons.
  　　Vous êtes content de votre maison?　- Oui, j'en suis content.
  　　Avez-vous des frères?　　　　　　　- Oui, j'en ai. (en이 부정관사 des + 명사를 대신)
  　　Avez-vous de l'argent?　　　　　　　- Oui, j'en ai. (en이 부분관사 de + 명사를 대신)
  　　Combien de sœurs a-t-il?　　　　　 - Il en a une. (수량 표현이 있는 경우 정확히 전달하기 위해 명사 부분만 중성대명사로 바꾸고 수량 표현은 남겨둔다)

- **y** = à, dans, sur… + 명사 (장소를 나타내는 경우가 많다)
  예) Vas-tu à la bibliothèque?　　　　　- Oui, j'y vais.
  　　Depuis combien de temps travaillez-vous dans cette entreprise?
  　　　　　　　　　　　　　　　　　　- J'y travaille depuis trois mois.
  　　Est-il dans le jardin?　　　　　　　- Oui, il y est.

■ 지시대명사

- 이미 제시된 명사를 대신하며 그 명사의 성·수에 일치시킨다.
  예) Mon vélo et celui de Jean. (내 자전거와 장의 자전거)

- 복합형은 단독으로 쓰이며 -ci는 가까운 것, -là는 먼 것을 나타낸다.
  예) Voici deux stylos, celui-ci est meilleur que celui-là.
  (여기 만년필 두 개가 있는데, 이쪽 것이 저쪽 것보다 더 좋다)

- 또한 복합형에서 **-ci**는 후자를, **-là**는 전자의 뜻을 갖는다.
  예) Jean n'aime pas André : Celui-ci est plus méchant que celui-là.
  (장은 앙드레를 좋아하지 않는다. 후자(앙드레)는 전자(장)보다 심술궂다)

	단순형		복합형	
	m.	f.	m.	f.
s.	celui	celle	celui-ci (là)	celle-ci (là)
pl.	ceux	celles	ceux-ci (là)	celles-ci (là)

일상에서 자주 사용하는 표현

❶ 장소에 대한 표현

sur (위에) / sous (아래에) devant (앞에) / derrière (뒤에)
en face de (정면에) / à côté de (옆에) près de (가까이에) / loin de (멀리)
à gauche (왼쪽에) / à droite (오른쪽에) dans (안에) / entre (사이에)

La lampe est sur la table.
M. Kim est sous la Tour Eiffel.
L'arrêt d'autobus est devant l'église.
Il y a une poste juste derrière vous.
La clé est dans le sac.
La gomme est entre deux livres.
Le restaurant est en face de la poste.
L'école est à côté de la poste.
Le magasin est près du cinéma.
La banque est loin de l'école.
La poste est à droite de la banque.

❷ 교통수단에 대한 표현

- 교통수단을 나타낼 때는 'en + 무관사 명사'로 나타낸다.
  예) Il vient en voiture / en avion / en train / en métro / en taxi / en bus.
- 몸이 밖으로 나오는 경우는 'à + 명사' 형태를 사용한다.
  예) Il vient à pied / à bicyclette / à moto(en moto) / à vélo(en vélo).

- 교통편을 예약할 때 쓰는 표현
  예) Je voudrais un billet aller simple pour Paris. (파리행 편도 한 장 주세요)
     Je voudrais un billet aller-retour. (왕복표 한 장 주세요)
     Je voudrais réserver une place en seconde classe pour aller à Nice.
     (니스 가는 일반석 표 한 장을 예약하고 싶습니다)
     Je voudrais une place non fumeur à côté de la fenêtre.
     (창가 쪽 금연석 한 자리 주세요)

Exercices

I. 밑줄 친 부분을 직접목적보어 인칭대명사로 바꾸어 문장을 다시 쓰시오.

1) Je connais cet homme.

2) Elle aime les chansons françaises.

3) Il regarde la télévision.

4) Nous invitons Sophie au dîner.

5) Vous voyez souvent vos grands-parents.

II. 밑줄친 부분을 간접목적보어 인칭대명사로 바꾸어 문장을 다시 쓰시오.

1) Elle téléphone à ses parents.

2) Vous parlez à Paul.

3) Nous racontons l'aventure à ta sœur.

4) Tu ne réponds pas au professeur.

5) Ils posent des questions à son amie.

III. 밑줄친 부분을 보어 인칭대명사로 바꾸어 질문에 대답하시오.

1) Tu donnes ton adresse à ta petite amie?　　Oui, _____.

2) Est-ce que Paul explique son projet à ses parents? Oui, _____.

3) Vous prêtez souvent votre voiture à votre frère?　Oui, _____.

4) Est-ce que tu montres ces photos à ta mère?　　Oui, _____.

5) Elle demande le chemin à Valérie?　　Oui, _____.

IV. 중성대명사 en이나 y를 사용하여 다음 물음에 답하시오.

1) Vous allez à Londres cet été?　Oui, _____.

2) Il boit du lait?　　Oui, _____.

3) Elles ont une voiture?　　Oui, _____.

4) Vous parlez de cette histoire?   Oui, _____.

5) Tu vas à la fac?   Oui, _____.

6) Vous habitez à Paris?   Oui, _____.

7) Avez-vous de l'argent?   Oui, _____.

8) Il y a des fruits dans le frigo?   Oui, _____.

9) Tu réponds aux questions du touriste?   Oui, _____.

10) Tu penses à tes vacances?   Oui, _____.

V. 프랑스어로 옮기시오.

1) 당신은 어디에 가십니까?

2) 나는 그곳에 택시를 타고 갑니다.

3) 전철역은 어디에 있습니까? 바로 당신 앞에 있습니다.

4) 저에게 그것을 보여 주시겠어요?

5) 우리는 그것에 대해 함께 이야기 합니다.

VI. 아래 보기에서 적절한 단어를 골라 빈칸을 채우시오.

보기) droit   jusqu'à   droite   vous   à   près   devant   voyez

Touriste : Excusez-moi…

Marc : Je peux _____ aider?

Touriste : Le musée des Beaux-Arts, est-ce _____ d'ici?

Marc : Oui, c'est assez près. Vous _____ le magasin de vêtements au coin? Il faut tourner à gauche, et puis vous allez tout _____, _____ une grande église. Là, vous tournerez à _____, et le musée des Beaux-Arts est _____ votre gauche. Il y a un grand panneau _____ le musée. C'est facile à trouver.

Pardon monsieur, où est la Tour Eiffel?
Prenez la deuxième rue à gauche.
Allez tout droit jusqu'à la Seine.
Après le pont, tournez à droite.
La Tour Eiffel se trouve un peu plus loin.

Documents

■ 파리 PARIS

파리를 상징하는 문장

프랑스를 행정구역상 분류하는 단위로 région, département, arrondissement, canton, commune이라는 용어를 사용한다. région은 우리나라의 도에 해당하는 단위로 가장 큰 행정구역 단위라고 볼 수 있으며, commune은 이와 반대로 가장 작은 행정구역 단위라고 할 수 있다. 그래서 모든 도시나 마을은 행정구역상 일반적으로 이 같은 구분에 따르고 있다. 예를 들어, 앞서 언급한 바 있는 부르고뉴Bourgogne를 대표하는 세계적인 포도주 Romanée-Conti는, 엄밀히 말하면, 부르고뉴라는 région, Côte-d'Or라는 département, Beaune라는 arrondissement, Nuits-Saint Georges라는 canton, Vosne-Romanée라는 commune에서 생산된 포도주인 것이다.

그러나 파리와 마르세유, 리옹처럼 인구가 집중된 세 개의 도시는 commune의 하부 단위로, arrondissement municipal이라는 행정 단위를 둠으로써 보다 더 세분화하고 있다. 파리에는 20개, 마르세유에는 16개, 리옹에는 9개의 arrondissement municipal이 있다. 흔히 arrondissement municipal을 구區라는 말로 번역하거나 사용하는 것이 일반화되어 있지만, 파리의 규모가 서울의 약 6분의 1이라는 것을 고려해보면, 실제로는 동洞이나 이보다 약간 더 큰 정도로 보는 것이 합당할 것이다. 그런데 파리는 이 같은 행정상 분류에서 예외라고 할 수 있다.

즉, 파리는 프랑스의 수도이면서 일-드-프랑스Île-de-France라는 région에 속해 있지만, 나머지 행정 단위인 département, arrondissement, canton, commune의 구분이 필요 없는 프랑스 유일의 도시이다.

파리 시민들이 자주 쓰는 말 중에 '파리는 프랑스가 아니다(Paris n'est pas France)'라는 표현이 있다. 이는 그만큼 파리가 그 어디에도 속하지 않은 독립적이고 자주적인, 파리 그 자체를 의미하는 것이라 할 수 있다. 그만큼 파리 시민들은 파리에 사는 것에 자부심을 느끼고 있다는

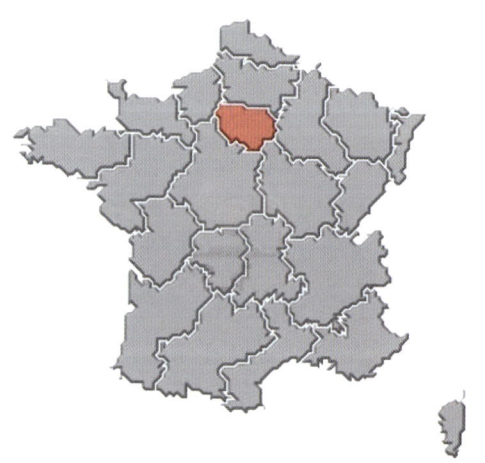

Île-de-France와 Paris

징표일 것이다. 앞서 언급한 바와 같이 파리는 20개의 구로 나뉘는데, 구의 순서가 마치 달팽이 생김새와 같다고 해서 에스까르고 드 파리escargot de Paris라고 부르기도 한다.

20개로 나뉘어 있는 파리의 구(Arrondissements Municipaux de Paris)

그러나 흥미로운 것은 우리나라에서 한강을 기준으로 서울을 강남과 강북으로 나누듯, 프랑스인들도 이 같은 행정구역상 구분을 떠나, 파리를 쎈seine 강이 흐르는 방향을 중심으로 오른쪽(북쪽)을 리브 두와뜨rive droite, 왼쪽(남쪽)을 리브 고슈rive gauche로 구분한다는 사실이다. 리브 두와뜨는 우리식으로 하면 우안右岸, 리브 고슈는 좌안左岸으로 번역될 수 있으나, 어감이 어색하여 여기서는 그대로 리브 두와뜨, 리브 고슈로 표현하고자 한다. 리브 고슈는 행정구역상 5, 6, 7, 13, 14, 15구를 지칭하지만, 리브 고슈를 떠올리는, 즉 지식인, 화가, 대학 교수, 좌파 정치인 혹은 정치적으로 좌파 성향을 가진 자, 옛 귀족들의 영지가 있던 곳과 같은 연상적 의미는 바로 5, 6, 7, 14구 때문이라고 할 수 있다. 왜냐하면 앞서 언급한 바와 같이 이곳에 카페 드 플로르와 레 되 마고와 같은 카페와 화가들의 화실이 밀집해 있으며(6구, 14구), 쏘르본느Sorbonne 대학과 꺄르띠에 라땡Quartier latin으로 불리는 대학가가 있고(5구), 사회당사와 공제회(7구), 그리고 쌩시몽Saint-Simon 공작과 같은 대귀족들의 영지가 있기 때문이다(7구). 따라서 이곳은 속세의 관습이나 규율 따위를 무시하고 방랑하면서 자유분방한 삶을 사는 보헤미안들의 집합소인 동시에 사회의 개혁을 원하는 좌파들의 보금자리였으며, 인간의 실존에 관해 고민했던 사상가와 철학자들의 쉼터였던 것이다.

이와는 대조적인 성격을 지닌 리브 두와뜨는 행정구역상 1, 2, 3, 4, 8, 9, 10, 11, 12, 16, 17, 18, 19, 20구를 가리킨다. 이곳은 리브 고슈에서는 볼 수 없는 세련됨과 우아함이 넘치는 장소로, 방돔Vendôme 광장 주변에는 반 클리프Van Cleef와 같은 고급 보석 가게나 리츠 칼튼Ritz-Carlton과 같은 유명 호텔이 밀집해 있으며(2구), 증권 거래소도 가까이에 위치하고 있다. 또 아비뉴 몽떼뉴Avenue Montaigne, 샹제리제Champs-Élysées에는 루이 뷔통, 크리스티앙 디올, 발렌띠노, 불가리 등 유명 명품 매장들과 대형 은행들이 즐비해(8구) 파리의 명소로 불리고 있다. 세계 3대 박물관인 루브르Louvre는 1구에 위치하고 있으며, 3구와 4구 사이에는 17~18세기에 지은 귀족들의 대저택이 있는 마레Marais 지역이 있고, 9구에는 오페라 하우스를 비롯해 갈르리 라파예뜨Galeries Lafayette와 같은 대형 백화점이 있다. 이처럼 리브 두와뜨를 연상시키는 금융, 명품, 패션은 주로 1, 2, 3, 4, 8, 9구를 중심으로 형성됐음을 알 수 있다.

현재 이 같은 상징성을 지닌 리브 고슈와 리브 두와뜨의 개념은 새로운 신흥 부자들의 출현으로 점차 사라져가고 있다. 그들은 이 같은 과거의 분류에 얽매이지 않고 부를 창출할 수 있는 곳이라면 어디든 가리지 않는 경향이 있기 때문이다. 그러나 아직도, 특히 리브 고슈가 지닌 정신적 유산을 유지, 계승하려는 사람들도 그 수가 적지 않음을 유념해야 할 것이다. 그러기에 좌와 우가 함께 공존하며 조화롭게 숨을 쉬고 있는 파리라는 도시는, 세계의 도시들이 닮고 싶고, 부러워할 만큼 매혹적인 도시일 수밖에 없는 것이다.

Amusez-vous

이 곡은 1980년, 타히티에서 휴가를 즐기던 중 심근경색으로 인해 41세의 나이로 생을 마감한 조 다쌩 Joe Dassin의 〈레 샹제리제〉라는 샹송의 일부를 발췌한 것이다. 노래를 들으며, 빈 칸에 들어갈 가사를 찾아 써보기로 하자.

Les Champs-Élysées

Je me baladais sur l'avenue
Le cœur ouvert à l'inconnu
J'avais envie de dire (1.   )
à n'importe qui
N'importe qui ce fut (2.   )
Je t'ai dit n'importe quoi
Il suffisait de te parler pour t'apprivoiser.

Aux Champs-Élysées, aux Champs-Élysées
Au (3.   ) sous la pluie à midi ou à minuit
Il y a tout ce que vous voulez
Aux Champs-Élysées.

Tu m'as dit, j'ai (4.   )
Dans un sous-sol avec des fous
Qui vivent (5.   ) à la main
Du soir au matin
Alors je t'ai accompagné
On a chanté, on a (6.   )
Et l'on a même pas pensé à s'embrasser.

Aux Champs-Élysées, aux Champs-Élysées
Au (3.   ) sous la pluie à midi ou à minuit
Il y a tout ce que voulez
Aux Champs-Élysées…

Joe Dassin(1938~1980)

1. bonsoir / bonjour / bon 2. moi / toi / elle 3. soleil / sol / sel 4. rendez-vous / pensez-vous / rendez-moi 5. l'harpe / guillemet / la guitare 6. dormi / déçu / dansé

알아두면 유용한 속담

Qui vole un œuf vole un bœuf. / 바늘 도둑이 소 도둑 된다.

Leçon 10

식당에서의 필수적인 표현　*Je peux avoir le menu ?*

Le garçon	: Monsieur, qu'est-ce que vous voulez?
Le touriste	: Je vais prendre un menu à 10,50€ avec une soupe à l'oignon et un steak-frites.
Le garçon	: Votre steak, vous le voulez comment?
Le touriste	: Bien cuit, s'il vous plaît.
Le garçon	: Et comme boisson?
Le touriste	: Un demi et une carafe d'eau, s'il vous plaît.

(Plus tard.)

Le garçon	: Vous prenez un dessert? Une tarte? Une glace?
Le touriste	: Qu'est-ce que vous avez comme glace?
Le garçon	: Vanille, fraise, café, chocolat, praliné...
Le touriste	: Chocolat, s'il vous plaît.
Le garçon	: Un café?
Le touriste	: Oui, un café, et l'addition.
Le garçon	: Alors, ça fait douze euros soixante. Service compris. Vous payez comment monsieur? par carte? en liquide?

Simone	:	Qu'est-ce qu'on va faire demain? On joue au tennis? Ou on va au restaurant?
Alain	:	S'il fait aussi beau qu'aujourd'hui, on pourra aller en ville faire des courses et manger au restaurant.
		(Le lendemain matin, il y a du soleil. Ils vont au restaurant.)
Simone	:	On déjeune ici?
Alain	:	D'accord.
Le serveur	:	Bonjour, vous déjeunez dedans ou dehors?
Simone	:	On mangera dehors puisqu'il fait beau.
Le serveur	:	Vous prendrez un menu ou commanderez à la carte?
Alain	:	Un menu. Qu'est-ce qu'il y a comme entrée?
Le serveur	:	Il y a du pâté, du saucisson, des tomates.
Simone	:	Du pâté pour moi, et pour toi?
Alain	:	Moi, je prendrai une salade de tomates.
Le serveur	:	Comme plat principal, je vous conseille le poisson. Il est délicieux.
Simone	:	Oui, c'est une bonne idée.
Le serveur	:	Et comme boisson?
Alain	:	Une demi-bouteille de muscadet, s'il vous plaît.
Le serveur	:	Vous allez prendre du fromage?
Simone	:	Non, merci. Deux cafés, s'il vous plaît.

Christian	:	Monsieur, s'il vous plaît.
Le garçon	:	Oui, monsieur. Vous désirez?
Christian	:	Je voudrais un sandwich au jambon et un citron pressé.
Françoise	:	Moi, je vais prendre une pizza et un coca.
Samuel	:	Et pour moi, une entrecôte et une bière, s'il vous plaît.

어휘 및 관용구

- **vouloir** v. 바라다, 원하다.
- **garçon** n.m. 소년, (식당 따위의) 보이, 종업원
- **prendre** v. 먹다, 들다.
- **menu** n.m. 메뉴, 정식, 세트 메뉴
- **soupe** n.f. 수프
- **oignon** n.m. 양파
- **steak** n.m. 스테이크
- **frite** n.f. (흔히 복수) 감자튀김
  - **steak-frites** 감자튀김을 곁들인 스테이크
- **cuit(e)** a. 익힌, 구운
- **boisson** n.m. 음료
- **demi(e)** a. 절반의
  - **un demi** n.m. 반 리터들이 맥주컵. (맥주는 보통 4분의 1리터 컵으로 마시는데, 500cc의 반이라는 뜻에서 드미(demi)라고 함. 500cc는 formidable이라고 함)
- **carafe** n.f. 물병
  - **une carafe d'eau** 물 한 병
- **dessert** n.m. 디저트
- **tarte** n.f. 파이
- **glace** n.f. 아이스크림
- **vanille** n.f. 바닐라
- **chocolat** n.m. 초콜릿
- **praliné(e)** a. 프랄린(땅콩류를 설탕시럽에 조린 과자)이 든
- **addition** n.f. 계산서
- **service** n.m. 서비스, 봉사
- **payer** v. 지불하다, (돈을) 치르다.
- **carte** n.f. 카드
- **liquide** n.m. 현금
- **jouer** v. 놀다, (게임, 경기를) 하다, (악기를) 연주하다.
- **tennis** n.m. 테니스, 정구
- **serveur(se)** n. (식당, 카페 따위에서) 시중드는 사람, 종업원
- **restaurant** n.m. 식당
- **ville** n.f. 도시, 시내

- **courses** [복수] (일상용품이나 식료품의) 구입, 쇼핑
  - **faire des courses** 장을 보다.
- **lendemain** n.m. 다음 날, 이튿날
- **soleil** n.m. 태양
- **déjeuner** v. 점심 식사 하다. n.m. 점심
- **dedans** ad. 안에서
- **dehors** ad. 밖에서
- **commander** v. 주문하다.
- **manger** v. 먹다.
- **carte** n.f. 차림표, 메뉴
  - **à la carte** 선택식의
  manger à la carte 메뉴 중에서 하나씩 골라 먹다.
- **entrée** n.f. 전채요리
- **pâté** n.m. 파테 (잘게 썬 고기를 양념하여 끓인 후 그대로 식혀 먹는 요리)
- **saucisson** n.m. 소시지
- **plat** n.m. 접시, 요리
- **principal(e)** a. 주된, 가장 중요한
  - **plat principal** (식사의) 주요리
- **conseiller** v. 권고하다, 권하다, 충고하다.
- **poisson** n.m. 생선
- **délicieux(se)** a. 맛있는
- **fromage** n.m. 치즈
- **bouteille** n.f. 병, 술병
- **demi-bouteille** n.f. 작은 병
- **désirer** v. 원하다, 바라다.
- **sandwich** n.m. 샌드위치
- **jambon** n.m. 햄
- **citron** n.m. 레몬
- **pressé(e)** a. 압축된
- **pizza** n.f. 피자
- **coca** n.m. coca-cola의 약자, 코카콜라
- **entrecôte** n.f. 등심
- **bière** n.f. 맥주

문법

■ 단순미래

미래에 일어날 동작이나 상태를 나타내며, 그 형태는 다음과 같다.

- 제1군, 제2군 규칙동사는 동사원형 자체가 어간이 되며 그 뒤에 미래시제 어미를 붙인다.
  모든 동사의 미래형은 다음과 같은 어미를 갖는다.

je	-ai	nous	-ons
tu	-as	vous	-ez
il / elle	-a	ils / elles	-ont

- 동사원형이 **re**로 끝나는 3군 불규칙 동사의 경우 **e**를 떼고 미래시제 어미를 붙인다.
  예) prendre → je prendrai   vivre → je vivrai   dire → je dirai

- 그 외의 불규칙 동사는 특수한 어간을 사용하여 미래형을 만든다.
  예) être → je serai   avoir → j'aurai   aller → j'irai   venir → je viendrai
      faire → je ferai   voir → je verrai   pouvoir → je pourrai

parler	finir	prendre	avoir	être
je parlerai	je finirai	je prendrai	j'aurai	je serai
tu parleras	tu finiras	tu prendras	tu auras	tu seras
il parlera	il finira	il prendra	il aura	il sera
ns parlerons	ns finirons	ns prendrons	ns aurons	ns serons
vs parlerez	vs finirez	vs prendrez	vs aurez	vs serez
ils parleront	ils finiront	ils prendront	ils auront	ils seront

예) Je resterai chez moi. (나는 집에 남아 있을 것이다)
　　Tu iras aux États-Unis pour étudier. (너는 공부를 하기 위해 미국에 갈 것이다)
　　Le train arrivera à 11 heures. (기차가 11시에 도착할 것이다)
　　Sophie choisira cette robe rouge. (쏘피는 빨간색 원피스를 고를 것이다)
　　Nous vivrons dans l'espace. (우리는 우주에서 살게 될 것이다)
　　Que ferez-vous dans dix ans? Je serai peintre. (당신은 10년 후 무슨 일을 할까요? 나는 화가가 될 거예요)

■ 비교급

1. 형용사와 부사의 비교급

우등 (+)	plus	형용사 (부사)	que	비교대상
동등 (=)	aussi	형용사 (부사)	que	비교대상
열등 (−)	moins	형용사 (부사)	que	비교대상

예) Pierre est plus grand que Jean. (삐에르는 장보다 키가 더 크다)
　　Isabelle est aussi grande que Michelle. (이자벨은 미셸만큼 크다)
　　Paul est moins grand que Daniel. (뽈은 다니엘보다 키가 작다)

- 부사의 비교급도 마찬가지로 만든다.
  예) Il court plus vite que mon ami. (그는 내 친구보다 빨리 뛴다)

- 비교급의 que 뒤에 인칭대명사가 들어갈 경우 강세형을 사용한다.
  예) Je suis plus grand que toi. / Elle est plus grande que moi.

- 우등 비교에서 특수한 형태를 갖는 형용사와 부사가 있다.
  bon (좋은) → **meilleur(e)** (더 좋은)　bien (잘) → **mieux** (보다 잘)
  예) Ce gâteau est bon.　→ Ce gâteau est meilleur que ce bonbon.
  　　Il parle bien.　　　→ Il parle mieux que moi.

- bon과 bien의 동등 비교급과 열등 비교급은 그대로 aussi…que, moins…que로 쓰인다.
  예) Ce gâteau est aussi bon que ce bonbon.
  　　Je parle français moins bien que lui.

2. 명사의 비교급

비교의 명사를 전치사 'de'로 연결하고 aussi는 autant으로 바꾼다.

우등 (+)	plus de	명사	que	비교 대상
동등 (=)	autant de	명사	que	비교 대상
열등 (−)	moins de	명사	que	비교 대상

예) Il a plus de livres que moi.
　　Jacques a autant de livres que Sylvie.
　　Vincent a moins de livres que Marie.

■ 최상급

'가장 ~한'의 의미로 비교급의 형태에 정관사를 붙여 최상급의 표현을 나타낸다.
우등 최상급(정관사 + plus ⋯ de)와 열등 최상급(정관사 + moins ⋯ de)만 존재한다.

- 형용사의 최상급에서 정관사는 형용사의 성·수에 일치시킨다.
  예) Il est le plus petit de sa classe. (그는 반에서 가장 작다)
  Elle est la plus petite de sa classe. (그녀는 반에서 가장 작다)
  Marie est la moins gentille de ma famille. (마리는 우리 집에서 가장 불친절하다)
  Ils sont les plus actifs de leur classe. (그들은 반에서 가장 활동적이다)

- 부사는 성·수에 따라 변화하지 않기 때문에 정관사는 항상 **le**이다.
  예) Elle marche le plus vite de sa classe. (그녀는 반에서 가장 빨리 걷는다)
  Il parle le plus lentement de sa classe. (그는 반에서 말을 가장 천천히 한다)
  Viens le plus rapidement possible. (가능한 제일 빨리 와라)

- 우등 비교급에서 특수한 형태를 갖는 형용사나 부사는 최상급에서도 특수한 형태를 갖는다.
  le(la, les) meilleur(e, s, es) (가장 좋은) / le mieux (가장 잘)
  예) Il est mon meilleur ami. (그는 나의 가장 좋은 친구다)
  Elle est la meilleure élève. (그녀는 가장 좋은 학생이다)
  Elle chante le mieux de notre école. (그녀는 우리 학교에서 노래를 가장 잘 부른다)

■ 부정대명사 on

on은 주어로만 쓰이며 '누군가', '(일반적인) 사람들', '우리' 등으로 해석된다. 특히 구어체에서는 nous를 대신하여 사용되며 뒤에 오는 동사는 항상 3인칭 단수형이다.

예) On frappe à la porte. (누군가 문을 두드린다)
On parle coréen en Corée. (한국에서는 사람들이 한국어를 한다)
On va au restaurant? (우리 식당에 갈까?)

■ 전치사 comme + 무관사 명사 : ~ 로(서)

예) Qu'est-ce que vous prenez comme dessert? (후식으로 무엇을 드시겠어요?)
Qu'est-ce que vous prenez comme boisson? (음료수로는 무엇을 드시겠어요?)
Qu'est-ce qu'il y a comme entrée? (전식으로는 무엇이 있습니까?)
Qu'est-ce que vous avez comme glace? (아이스크림종류는 무엇이 있습니까?)
Qu'est-ce que vous avez comme plat du jour? (오늘의 요리는 뭐가 있나요?)

일상에서 자주 사용하는 표현

① jouer à / de 의 표현

jouer + à : 운동경기, 게임을 하다 → jouer au ballon / aux cartes
jouer + de : 악기를 연주하다   → jouer du piano / de la guitare

Je fais du tennis.   Je joue au tennis.
Je fais du football.   Je joue au football.
Je fais du golf.   Je joue au golf.

Je fais du piano.   Je joue du piano.
Je fais de la guitare.   Je joue de la guitare.
Je fais du violon.   Je joue du violon.

Qu'est-ce que tu fais le week-end?   Je fais de la natation.
Qu'est-ce que vous faites cet après-midi?   Nous jouons au basket-ball.

② 고기의 익힘 정도에 따른 표현

Comment vous voulez la cuisson de votre viande?
(고기는 어느 정도로 익혀 드릴까요?)

Saignante / À point / Bien cuite, s'il vous plaît.
(살짝 익혀 / 적당히 익혀 / 잘 익혀 주세요)

③ 돈 지불방식에 따른 표현

en liquide = en espèces / cash   (현금으로)
par carte = avec une carte   (카드로)
par chèque   (수표로)
Vous payez en liquide ou par carte?

Exercices

I. 다음 문장을 단순미래로 고쳐 쓰시오.

1) Je finis mon devoir samedi.

2) Je trouve un travail intéressant.

3) Cela prend du temps.

4) Nous allons à Nice cet été.

5) Elle choisit une cravate pour son mari.

6) Il fait beau demain.

7) Vous êtes de retour demain soir.

8) Ils viennent la semaine prochaine.

9) On voit le résultat.

10) Vous avez un enfant, vous voyez des problèmes.

II. 괄호 안의 단어를 비교급으로 바꾸시오.

1) Pierre est (grand) que Paul. (+)

2) Il gagne (beaucoup) d'argent que son père. (=)

3) Jean travaille (bien) que philippe. (+)

4) La rose est (belle) que le mimosa. (+)

5) Ce gâteau est (bon) que l'autre. (+)

III. 괄호 안의 단어를 최상급으로 바꾸시오.

1) Sylvie est (gentille) de ses amies. (-)

2) En anglais, Claire est (bonne) de sa classe. (+)

3) Il est (paresseux) de sa famille. (-)

4) Il court (vite) de sa classe. (+)

5) Cette maison est (grande) du quartier. (+)

IV. 빈칸에 적당한 전치사를 넣어 문장을 완성하시오.

1) Nous jouons _____ tennis chaque après-midi.

2) Ma sœur joue bien _____ piano.

3) Je paye _____ liquide.

4) Tu vas _____ poste?

5) Non, je vais _____ restaurant.

V. 프랑스어로 옮기시오.

1) 무엇을 드시겠어요?

2) 저는 토마토 샐러드와 스테이크를 먹겠어요.

3) 우리 내일 무엇을 할까?

4) 나는 테니스를 칠 거야. (jouer 동사 사용)

5) 내 여동생은 피아노를 친다.

VI. 올바른 답을 선택하시오.

1) Thomas boit de la bière, un (demi / déca).

2) Alain prend une assiette de (vin / crudité).

3) Joseline prend (un menu / une carte) à 20 euros.

4) Je prends le (plat / dessert) du jour, un steak au poivre.

5) Mon père mange une entrecôte à (point / cuit).

On achète du pain à la boulangerie.
On achète de la viande à la boucherie ; pour la viande du porc, on va à la charcuterie. Pour acheter une tarte au kiwi, on va à la pâtisserie. On achète le poisson et les fruits de mer à la poissonnerie. Et où va-t-on pour acheter des livres? À la librairie.

Amusez-vous

SPÉCIALITÉS DU CHEF

ENTRÉES ET PLATEAUX DE FRUITS DE MER

Fines de Claires Marennes d'Oléron n°2
Salade du «Café Procope» au foie gras de canard et magret fumé
Saumon d'Ecosse Bio, issu de l'agriculture biologique, pain au levain
Pâté en croûte «Richelieu» fait par nos soins
Foie gras de canard entier mi-cuit

VIANDES ET POISSONS

Traditionnel coq au vin «Ivre de Juliénas»
Tête de veau en cocotte, ravigote chaude
Truite meunière aux amandes, pommes à l'Anglaise
Filet de bar plancha, émulsion d'olives vertes, étuvée de fenouil
Tartare de bœuf Charolais coupé aux couteaux, pommes frites

DESSERTS

Fromage sélectionné par Marie Quatrehomme MOF 2000

L'assiette dégustation de nos glaces et sorbets, tuile aux amandes

Tiramisu «recette maison»

Profiteroles au chocolat chaud, crème glacée vanille

Crêpes flambées au Grand-Marnier et son verre de dégustation

Mousse glacée à l'ameretto et au caramel, fine liqueur d'amandes

메뉴를 보고 원하는 음식을 주문해 보자.

A : Vous voulez passer votre commande?

B : _____.

A : Vous voulez goûter aux spécialités de la région?

B : _____.

A : Vous voulez du dessert?

B : _____.

(Un peu plus tard…)

A : Vous avez bien déjeuné?

B : _____.

알아두면 유용한 속담

L'arbre ne tombe pas du premier coup. / 첫술에 배 부르랴.

Leçon 11

관광안내소에서의 필수적인 표현   Pouvez-vous nous renseigner ?

Le réceptionniste	:	Madame, je peux vous renseigner?
La touriste	:	Bonjour, je voudrais des renseignements sur le programme de la fête du 14 juillet demain.
Le réceptionniste	:	Il y a un défilé qui commence vers 10 heures du matin. Ensuite, il y a un feu d'artifice.
La touriste	:	À quelle heure est-ce que le feu d'artifice commence?
Le réceptionniste	:	Vers 23 heures, à la tombée de la nuit.
La touriste	:	D'où est-ce qu'on le voit le mieux?
Le réceptionniste	:	Je vous conseille d'aller sur le Champs de Mars.
La touriste	:	Est-ce qu'il n'y a pas de bal?
Le réceptionniste	:	Mais si, il y a un grand bal sur la place de la Bastille. Et il y a de petits bals partout. Vous pouvez vous promener en ville.

Philippe	:	S'il vous plaît, monsieur, je voudrais des renseignements.
L'employé	:	Oui, je vous écoute.
Philippe	:	Est-ce qu'il y a un train qui va directement à Nice?
L'employé	:	Oui, il y a un train qui part très tôt le matin.
Philippe	:	À quelle heure?
L'employé	:	À six heures trente.
Philippe	:	Je dois donc me coucher de bonne heure et me lever tôt demain matin. Au fait, à quelle heure est le train suivant?
L'employé	:	À dix heures. Il faut vous dépêcher de faire la réservation, car il reste très peu de places disponibles.

Anne	:	Je voudrais un plan de la ville, s'il vous plaît.
L'employé	:	Bien sûr. Voici un plan de Nice.
Anne	:	Merci, et dites-moi s'il y a un bon restaurant près d'ici.
L'employé	:	Il y a un restaurant chinois, un restaurant italien et plusieurs restaurants français. Je vous donne cette brochure touristique où il y a la liste des restaurants.
Anne	:	C'est gentil. Merci et au revoir!

어휘 및 관용구

- **renseigner** v. 정보를 제공하다, 가르쳐주다.
- **renseignement** n.m. 정보, 자료
- **programme** n.m. 프로그램, 차례
- **fête** n.f. 축제일, 기념일 (~nationale : 국경일)
- **juillet** n.m. 7월
  - **le Quatorze Juillet** 프랑스의 국경일 (대혁명 기념일)
- **demain** ad. 내일
- **défilé** n.m. 군사 행진, 행렬
- **militaire** a. 군대의, 군인의
- **feu** n.m. 불, 불빛
- **artifice** n.m. 기교, 기법
  - **feu d'artifice** 불꽃, 불꽃 놀이
- **commencer** v. 시작하다.
- **ensuite** ad. 그리고 나서
- **nuit** n.f. 밤
- **tomber** v. 넘어지다, (해가) 지다.
- **tombée** n.f. 떨어짐, (해가) 짐.
  - **à la tombée de la nuit** 해질 무렵, 황혼에
- **voir** v. 보다
- **mieux** ad. 더 잘
- **conseiller** v. 충고하다, 권하다.
  - **conseiller à qn de + inf.** ~하시는 게 좋겠습니다.
- **bal** n.m. 무도회
- **place** n.f. 장소, 광장
- **promener** v.t. 산책시키다.
  - **se promener** v. 산책(산보)하다.
- **ville** n.f. 도시
  - **en ville** 도시에서, 시내에서
- **employé(e)** n. 종업원, 직원
- **écouter** v. 듣다. (~의 말에 귀를 기울이다)
- **devoir** v. ~ 해야 한다.
- **se coucher** v. 자다, 눕다.

- **de bonne heure** 일찍, 일찍부터
- **se lever** v. 일어나다.
- **tôt** ad. 일찍
- **au fait** 그런데
- **suivant** a. 다음의, 다음에 오는
- **Il faut** ~ 해야 한다.
- **se dépêcher** v. 서두르다.
- **réservation** n.f. 좌석의 예약
- **place** n.f. 자리, 좌석
- **disponible** a. 마음대로 사용할 수 있는
- **plan** n.m. 도면, 지도
- **sûr(e)** a. 확실한, 틀림없는
  - **bien sûr** (구어) 물론
- **restaurant** n.m. 음식점, 식당
- **plusieurs** [부정형용사] pl. 몇몇의, 여러
- **brochure** n.f. 소책자, 팸플릿
- **touristique** a. 관광의, 관광에 관한
- **liste** n.f. 표, 목록, 명단

Paris의 기차역

문법

■ 대명동사

대명동사는 타동사의 변형으로 재귀대명사(me, te, se, nous, vous, se)를 동반한다. 문장 내에서 재귀대명사는 주어의 인칭과 수에 따라 변화하며 동사 앞에 위치한다.

se coucher (잠자리에 들다 / 자다)

je	me	couche	nous	nous	couchons
tu	te	couches	vous	vous	couchez
il / elle	se	couche	ils / elles	se	couchent

- me / te / se는 모음이나 무음 h 앞에서 m' / t' / s'로 축약된다.
  예) Je m'appelle Emma. (내 이름은 엠마다) / Tu t'habilles vite. (너는 옷을 빨리 입는다)

- 대명동사는 그 의미에 따라 다음 네 가지로 분류될 수 있다.

(1) 재귀적 대명동사

- 주어의 행위가 주어 자신에게 미치는 동사를 말한다.
  예) La mère couche l'enfant. (어머니가 아이를 재운다)
  　　La mère se couche. (어머니가 주무신다)

  　　Je lave ma voiture. (나는 자동차를 세차한다)
  　　Je me lave tous les soirs. (나는 저녁마다 씻는다)

  　　Nous promenons notre chien. (우리는 개를 산책시킨다)
  　　Nous nous promenons après le dîner. (우리는 저녁 식사 후 산책한다)

(2) 상호적 대명동사

- 주어의 행위가 상대방에게 서로 동시에 미치는 동사로, 주어는 복수이거나 복수의 개념을 갖는 것들이다.
  예) Ils s'aiment l'un l'autre. (그들은 서로서로 사랑한다)
  　　Ils se battent. (그들은 서로 싸운다)
  　　On se salue quand on se rencontre. (사람들은 만나면 서로 인사를 나눈다)

(3) 수동적 대명동사

- 주어는 주로 사물로 어떤 동작을 수동적으로 당하는 경우이다.
  예) La porte se ferme. (문이 닫힌다)
  　　Ces chapeaux se vendent bien. (이 모자들은 잘 팔린다)

(4) 본질적 대명동사

- 재귀대명사가 아무 뜻도 없이 관습적으로 사용되는 경우이다.
  예) Je me souviens de mon enfance. (나는 나의 어린 시절을 기억한다)
  　　Elle se moque de moi. (그녀는 나를 놀린다)
  　　Il s'en va sans me parler. (그는 나에게 아무 말 없이 가버렸다)

※ 대명동사의 부정문에서 재귀대명사는 동사 바로 앞에 놓이며, ne~pas 사이에 위치한다.
　예) Je ne me couche pas.　　　Nous ne nous couchons pas.
　　　Ils ne se couchent pas.　　Vous ne vous couchez pas.

■ 대명동사의 명령문

1. 긍정명령문

주어를 생략하고 재귀대명사는 동사 바로 뒤에 놓이며 연결부호(-)로 연결된다.
이때 **te**는 **toi**로 바뀐다.

　예) Tu te couches.　　→　Couche-toi.
　　　Tu te laves.　　　→　Lave-toi.
　　　Vous vous levez.　→　Levez-vous.

2. 부정명령문

주어를 생략하고 평서문의 순서와 같이 재귀대명사는 동사 바로 앞에 놓인다.
다시 말해 평서문 부정형에서 주어만 탈락된 형태이다.

긍정 명령문	부정 명령문
couche-toi	ne te couche pas
couchons-nous	ne nous couchons pas
couchez-vous	ne vous couchez pas

일상에서 자주 사용하는 표현

1 부정관사의 변형 de

- 형용사 + 명사 앞에서 des → de로 변형된다
  예) Il y a de belles maisons.
  　　Il y a de bons légumes.
  　　Il y a de beaux spectacles.
  　　Il y a de petits bals partout.

2 부정의문문에 대한 긍정의 대답 Si

예) Il n'y a pas de bal?
　　Si, il y a un grand bal. / Non, il n'y en a pas.
　　Vous n'aimez pas ce gâteau?
　　Si, je l'aime beaucoup. / Non, je ne l'aime pas.

Exercices

I. 괄호 안의 동사를 현재형으로 활용하시오.

1) Tu _____ tôt? (se lever)

2) Elle _____ (s'habiller) et _____ dans la glace. (se regarder)

3) On _____ devant le cinéma? (se voir)

4) Je _____ souvent après le travail. (se promener)

5) Mes parents _____ après le dîner. (se coucher)

II. 다음 문장을 명령문으로 고치시오.

1) Tu te dépêches.

2) Les enfants, vous vous réveillez.

3) Nous ne nous couchons pas avant minuit.

4) Vous ne vous parlez pas depuis longtemps.

5) Nous nous asseyons devant le bureau.

III. 다음 단어를 순서대로 맞추어 문장을 만드시오.

1) quelle / tu / te / heure / À / réveilles / ?

2) y / a / Il / filles / de / belles / . / le / devant / musée

3) des / renseignements / Je / voudrais / .

4) dois / me / tôt / lever / Je / demain / .

5) il / a / pas / de / y / bal / n' / ? / qu' / Est-ce

IV. 프랑스어로 옮기시오.

1) 공연은 몇 시에 시작합니까?

2) 7월 14일에는 무슨 일이 있습니까?

3) 그녀는 씻고, 화장하고, 옷을 입고, 머리를 빗습니다.

4) 나는 당신에게 병원에 갈 것을 충고합니다.

5) 우리는 서둘러야만 합니다.

V. 빈칸에 적당한 전치사를 넣어 나의 하루 일과를 완성하시오.

Je me lève à 7 heures tous les jours, sauf le samedi et le dimanche. J'ai toujours du mal à me lever le matin parce que je me couche tard. Je prends une douche rapide. Je me prépare pour aller au travail. Je vais _____ bureau _____ voiture _____ 8 heures 30. Et je rentre chez moi _____ 18 heures. Je lis le journal, je regarde la télévision, j'écris des lettres _____ mes amis _____ France et _____ États-Unis. Je vais _____ cinéma avec des amis ou je joue _____ cartes _____ café _____ face de la gare. Je vais _____ supermarché _____ côté du bureau pour faire des achats. Voilà ma journée.

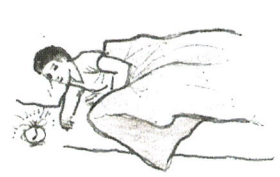  

전화 대화

A: Allô, je voudrais parler à M. Kim, s'il vous plaît.
(여보세요, 김 선생님 계십니까?)

B: Qui est à l'appareil? C'est de la part de qui?
(누구십니까?)

A: C'est Sylvie Dupont. Ici, Sylvie Dupont.
(Sylvie Dupont 입니다)

B: Ne quittez pas, je vous le passe.
(기다리세요, 바꿔 드릴께요)

Je suis désolé(e). Il n'est pas là. Est-ce que vous pouvez téléphoner plus tard?
(미안합니다. 지금은 없습니다. 잠시 후에 다시 전화하시겠어요?)

Documents

■ 프랑스 유네스코 세계유산 LE PATRIMOINE MONDIAL DE l'UNESCO EN FRANCE

2019년 현재, 프랑스는 유네스코가 인정한 45개의 세계유산을 보유하고 있다. 아래 도표는 프랑스 본토와 해외 영토(Outre-Mer)에 있는 세계유산을 정리한 것으로, 이 중 문화유산은 39개, 자연유산 5개, 복합유산 1개이다.

1	Abbatiale de Saint-Savin sur Gartempe
2	Abbaye cistercienne de Fontenay
3	Arles, monuments romains et romans
4	Basilique et colline de Vézelay
5	Bassin minier du Nord-Pas-de-Calais
6	Beffrois de Belgique et de France
7	Bordeaux, Port de la Lune

8	Canal du Midi	
9	Cathédrale d'Amiens	
10	Cathédrale de Bourges	
11	Cathédrale de Chartres	
12	Cathédrale Notre-Dame, ancienne abbaye Saint-Rémi et palais de Tau, Reims	
13	Centre historique d'Avignon : Palais des papes, ensemble épiscopal et Pont d'Avignon	
14	Chemins de Saint-Jacques-de-Compostelle en France	
15	Cité épiscopale d'Albi	
16	Coteaux, maisons et caves de Champagne	
17	De la grande saline de Salins-les-Bains à la saline royale d'Arc-et-Senans, la production du sel ignigène	

18	Fortifications de Vauban
19	Golfe de Porto : calanche de Piana, golfe de Girolata, réserve de Scandola
20	Grotte ornée du Pont d'Arc, dite grotte Chauvet-Pont d'Arc, Ardèche
21	Haut lieu tectonique Chaîne des Puys - faille de Limagne
22	Juridiction de Saint-Émilion
23	Lagons de Nouvelle-Calédonie : diversité récifale et écosystèmes associés
24	Le Havre, la ville reconstruite par Auguste Perret
25	Les Causses et les Cévennes, paysage culturel de l'agro-pastoralisme méditerranéen
26	Les climats du vignoble de Bourgogne
27	Mont-Saint-Michel et sa baie

28	L'œuvre architecturale de Le Corbusier, une contribution exceptionnelle au Mouvement Moderne
29	Palais et parc de Fontainebleau
30	Palais et parc de Versailles
31	Paris, rives de la Seine
32	Pitons, cirques et remparts de l'île de La Réunion
33	Places Stanislas, de la Carrière et d'Alliance à Nancy
34	Pont du Gard
35	Provins, ville de foire médiévale
36	Pyrénées-Mont Perdu
37	Site historique de Lyon

38	Sites palafittiques préhistoriques autour des Alpes
39	Sites préhistoriques et grottes ornées de la vallée de la Vézère
40	Strasbourg : de la Grande-île à la Neustadt, une scène urbaine européenne
41	Taputapuātea
42	Terres et mers australes françaises
43	Théâtre antique et ses abords et «Arc de Triomphe» d'Orange
44	Val de Loire entre Sully-sur-Loire et Chalonnes
45	Ville fortifiée historique de Carcassonne

(출처: wikipedia)

Amusez-vous

유네스코 세계유산에 등재된 유산의 수가 비록 프랑스에 비해 적지만, 우리에게도 세계인들이 자랑스러워하는 유산이 있다. 다음은 유네스코에 등재된 한반도의 세계 유산 목록이다.

Corée, République de
1. Grotte de Seokguram et temple Bulguksa (1995)
2. Sanctuaire de Jongmyo (1995)
3. Temple d'Haeinsa Janggyeong Panjeon, les dépôts des tablettes du Tripitaka Koreana (1995)
4. Ensemble du palais de Changdeokgung (1997)
5. Forteresse de Hwaseong (1997)
6. Sites de dolmens de Gochang, Hwasun et Ganghwa (2000)
7. Zones historiques de Gyeongju (2000)
8. Île volcanique et tunnels de lave de Jeju (2007)
9. Tombes royales de la dynastie Joseon (2009)
10. Villages historiques de Corée : Hahoe et Yangdong (2010)
11. Namhansanseong (2014)
12. Aires historiques de Baekje (2015)
13. Sansa, monastères bouddhistes de montagne en Corée (2018)
14. Seowon, académies néo-confucéennes coréennes (2019)

Corée, République populaire démocratique de
15. Ensemble des tombes de Koguryo (2004)
16. Monuments et sites historiques de Kaesong (2013)

프랑스어로 표기된 우리의 세계유산이 어디에 해당하는지 괄호 안에 적어 보자.

창덕궁 (   )   종묘 (   )
고구려 고분군 (   )   제주 화산섬과 용암동굴 (   )
한국의 역사마을 : 하회와 양동 (   )   석굴암 · 불국사 (   )
산사, 한국의 산지승원 (   )   해인사 장경판전 (   )
수원화성 (   )   경주 역사 유적지구 (   )
고창 · 화순 · 강화 고인돌유적 (   )   남한산성 (   )
조선왕릉 (   )   한국의 서원 (   )
백제 역사 유적지구 (   )   개성의 역사 기념물과 유적 (   )

Leçon 12

상점에서의 필수적인 표현   Vous avez un 38 ?

Le vendeur	:	Bonjour, madame, je peux vous aider?
La cliente	:	Non merci, je regarde.
		(Un peu plus tard.)
		Est-ce que je peux essayer cette jupe, s'il vous plaît?
Le vendeur	:	Oui, madame, les cabines sont au fond.
		(Un peu plus tard.)
		Alors, ça va?
La cliente	:	Non, pas vraiment, c'est trop court.
Le vendeur	:	Vous voulez essayer une taille au-dessus?
La cliente	:	Oui. Normalement, je fais du 38, mais apparemment, c'est un peu juste.
Le vendeur	:	Je vous apporte un 40.
		(Un peu plus tard.)
		Alors, c'est mieux?
La cliente	:	Oui, je pense que ça va.
Le vendeur	:	Oui, ça vous va bien. La couleur aussi.
La cliente	:	Bon, je la prends. Combien ça coûte?
Le vendeur	:	Cette jupe fait 35 euros.

Isabelle a fêté son anniversaire. Elle a passé un bon dimanche.

Elle est sortie de la boulangerie. Elle s'est arrêtée devant la boutique de vêtements. Elle y est entrée. Le vendeur s'est approché d'elle. Ils se sont mis à parler.

Le vendeur	:	Vous avez choisi, mademoiselle?
Isabelle	:	Non, pas encore. Je cherche un pantalon chaud.
Le vendeur	:	Tenez, c'est un pantalon d'hiver et cette couleur est très à la mode cette année.
Isabelle	:	Oui, je sais, mais ça ne me plaît pas beaucoup. Je préfère le gris, il est plus chic que le rouge et moins cher.
Le vendeur	:	Vous avez raison, le gris vous va bien. Voulez-vous l'essayer?
Isabelle	:	Oui, vous l'avez en plus grand?
Le vendeur	:	Désolé. Je n'ai que du 38.
Isabelle	:	Tant pis! Au fait, j'ai vu un autre pantalon chez vous, il y a une semaine. Il m'a beaucoup plu mais je n'ai pas pu l'essayer, l'avez-vous encore?
Le vendeur	:	Non. Désolé, mademoiselle, il est vendu.

Finalement, elle n'a pas acheté le pantalon, et elle est rentrée à la maison.

Dominique	:	Il est vraiment chic, votre costume.
M. Duval	:	Vraiment? Vous pensez que ça me va?
Dominique	:	Ah oui. Vous avez bon goût.
M. Duval	:	Vous êtes bien gentil.

어휘 및 관용구

- **vendeur(se)** n. 상인, 판매인, 점원
- **aider** v. 돕다.
- **regarder** v. 보다, 둘러보다, 관찰하다.
- **essayer** v. 입어보다.
- **jupe** n.f. 치마
- **cabine** n.f. 작은 공간
  - **cabine d'essayage** (옷가게에서) 탈의실
- **fond** n.m. 안쪽, 속
- **vraiment** ad. 정말로, 참말로
- **trop** ad. 너무, 지나치게, 과도하게
- **court(e)** a. 짧은
- **taille** n.f. 크기, 사이즈
- **au-dessus** ad. 그 위에, 그 이상으로
- **normalement** ad. 정상적으로, 보통으로
- **apparemment** ad. 겉보기에, 아마도
- **juste** a. (옷, 구두 따위가) 꼭 끼는
- **apporter** v. 가져오다.
- **couleur** n.f. 색깔
- **fêter** v. 축하하다, 축하연을 열다.
- **passer** v. (시간을) 보내다, 지나가다.
- **boulangerie** n.f. 빵가게, 빵집
- **s'arrêter** v. 멈추다.
- **boutique** n.f. 상점, 가게
- **vêtement** n.m. (흔히 복수) 옷, 의류
- **entrer** v. 들어 가다, 들어 오다.
- **s'approcher** v. 다가가다, 가까이 가다.
- **se mettre à** v. (하기) 시작하다, (에) 착수하다.
- **parler** v. 말하다.
- **choisir** v. 고르다, 선택하다.
- **chercher** v. 찾아보다, 모색하다.
- **pantalon** n.m. 바지
- **chaud(e)** a. 따뜻한, 더운
- **mode** n.f. 유행
- **année** n.f. 해, 연

- **chic** a. 멋진, 근사한, 세련된
- **cher(ère)** a. 값비싼
- **avoir raison** 옳다.
- **autre** a. 다른, 또 하나의
- **plaire** v. ~의 마음에 들다.
- **désolé(e)** a. 애석한, 유감스러운
- **vendre** v. 팔다, 판매하다.
- **vendu(e)** a. 물건이 팔린
- **tant pis** (유감스럽지만) 할 수 없지, 낭패로군.
- **finalement** ad. 마침내, 결국
- **acheter** v. 사다.
- **rentrer** v. 되돌아오다, 집에 돌아가다.
- **cadeau** n.m. 선물
- **costume** n.m. (남자의) 정장, 양복
- **goût** n.m. 미각, 안목, 센스, 세련미

158

문법

■ 복합과거

과거에 이미 완료된 동작이나 일시적 행위를 나타낸다.

1. 조동사 avoir의 현재형 + 과거분사

모든 타동사와 대부분의 자동사는 avoir를 조동사로 복합과거를 만든다.

　예) J'ai fini mon devoir de français. (나는 프랑스어 숙제를 끝냈다)
　　　Il a acheté un nouvel ordinateur. (그는 새 컴퓨터를 샀다)
　　　Nous avons vu un très bon film. (우리는 아주 좋은 영화를 한 편 보았다)
　　　Qu'est-ce que tu as fait hier? (너 어제 뭐 했니?)
　　　Tu as lu ce livre? (너 이 책 읽었니?)

• 과거분사의 형태
　1군 규칙동사 : -er를 떼고 -é를 붙인다. (parler → parlé, aimer → aimé)
　2군 규칙동사 : -ir를 떼고 -i를 붙인다. (finir → fini, choisir → choisi)
　3군 동사의 과거분사는 불규칙하다.

　être → été　　　　avoir → eu　　　　aller → allé　　　　venir → venu
　partir → parti　　voir → vu　　　　pouvoir → pu　　　lire → lu
　vouloir → voulu　savoir → su　　　répondre → répondu　attendre → attendu
　croire → cru　　　ouvrir → ouvert　prendre → pris　　mettre → mis
　faire → fait　　　dire → dit　　　　écrire → écrit

2. 조동사 être의 현재형 + 과거분사

일부 자동사와 모든 대명동사 être를 조동사로 취한다. 주로 '가다', '오다'와 같은 장소의 이동을 의미하는 자동사로 암기해야 한다. 이때 과거분사는 주어의 성·수에 일치한다.
그중 중요한 동사들을 열거해 보면 대체로 반대의 의미를 가진 자동사이므로 외우기는 쉬운 편이다.

• 이동의 의미를 갖는 자동사
　aller (가다) / venir (오다)　　　　　entrer (들어가다) / sortir (나가다)
　partir (출발하다) / arriver (도착하다)　monter (올라가다) / descendre (내려오다)
　naître (태어나다) / mourir (죽다)　　rester (머물다), tomber (떨어지다), devenir (~이 되다)

예) Il est devenu professeur. (그는 선생님이 되었다)
　　Elle est allée au cinéma. (그녀는 영화관에 갔다)
　　Ils sont partis hier soir. (그들은 어제 저녁에 떠났다)
　　Elles sont arrivées à Paris hier. (그녀들은 어제 파리에 도착했다)
　　Mon grand-père est mort il y a 3 ans. (할아버지는 3년 전에 돌아가셨다)
　　La pluie est tombée toute la journée. (비가 하루종일 내렸다)

- 그 외 위 동사들에 접두사가 붙어 만들어진 동사 역시 être를 조동사로 취한다
  예) revenir (되돌아오다)　　repartir (다시 출발하다)
  　　rentrer (돌아오다)　　　remonter (거슬러 올라가다)

- 같은 동사가 타동사와 자동사로 둘 다 쓰이는 경우, 특히 조동사 사용에 유의해야 한다.
  예) Elle est sortie à midi. (그녀는 정오에 외출했다)
  　　Elle a sorti un stylo de sa poche. (그녀는 주머니에서 만년필을 꺼냈다)
  　　Elle est passée devant la boutique. (그녀는 상점 앞을 지나갔다)
  　　Elle a passé ses vacances à la mer. (그녀는 휴가를 바다에서 보냈다)

3. 복합과거의 부정문

- 부정문 : ne + 조동사(être 혹은 avoir) + pas + 과거분사
  예) Je n'ai pas répondu.
  　　Elle n'a pas fait son devoir.
  　　Il n'est pas allé à l'école.
  　　Elle n'est pas allée à la campagne.
  　　Nous ne sommes pas allés au restaurant.

4. 대명동사의 복합시제 : 조동사 être 사용

　예) Qu'est-ce que tu as fait dimanche dernier? (너는 지난 일요일에 무엇을 했니?)
　　　J'ai fait une grasse matinée. Je me suis levé à 11 heures.
　　　(나는 늦잠을 잤어. 11시에 일어났어)
　　　Nous nous sommes promenés au parc. (우리는 공원을 산책했어)
　　　Je me suis bien reposé. (나는 푹 쉬었어)
　　　Elle s'est arrêtée. (그녀는 멈춰 섰다)
　　　Il s'est approché d'elle. (그는 그녀에게 다가갔다)
　　　Ils se sont mis à parler. (그들은 말하기 시작했다)

- être와 함께 복합과거를 만드는 동사들은 주어의 성·수에 과거분사를 일치시킨다.

■ 부사 만드는 법

- 형용사 여성어미 + ment
  예) doux - douce - doucement (부드럽게)
  　　lent - lente - lentement (천천히)

- 형용사 남성어미가 모음이면 그대로 + ment
  예) poli - poliment (공손히)
  　　vrai - vraiment (정말, 진정으로, 참말로)

- 형용사 남성어미 - ent - emment, - ant - amment
  예) prudent - prudemment (신중히)　　apparent - apparemment (언뜻 보아)
  　　constant - constamment (한결같이)　　courant - couramment (유창하게)

- 이때 - emment, - amment 의 발음은 모두 [amâ]이 되므로 주의할 것.

예외
　　gentil - gentiment (점잖게)　　profond - profondément (깊숙이)

일상에서 자주 사용하는 표현

❶ 가격을 물을 때의 다양한 표현

Ça coûte combien?
Ça fait combien en tout?
C'est combien le pantalon?
Je vous dois combien?
Quel est le prix de cette robe?

가격에 대한 평가
C'est trop cher. (너무 비싸요)
Ce n'est pas très bon marché. (아주 싼 건 아니에요)
Ça coûte les yeux de la tête. (값이 터무니없이 비싸요)

❷ 상대방의 의상이나 의복이 마음에 들었을 때 하는 표현

C'est vraiment chic, votre…(costume, etc)
Quelle belle cravate! (Quel beau pantalon!, etc)
Cette couleur vous va bien.

이에 대한 답변,
Vous trouvez? Tu trouves?
Vous pensez que ça me va? Tu penses que ça me va?
Vous êtes bien gentil(le).
Vraiment? Je ne sais pas.

❸ Que porte…? (무엇을 입고 있나요?)의 표현

Q : Que porte le monsieur? Que porte la dame?
R : Il porte _____. Elle porte _____.

❹ 아래 단어들을 참고하여 두 마네킹이 무엇을 입고, 또 지니고 있는지 표현해 보자.

a. chapeau	b. lunettes	c. chemise	d. cravate
e. gilet	f. veste	g. pantalon	h. chaussures
i. écharpe	j. manteau	k. chemisier	l. jupe
m. sac	n. collant	o. gants	p. robe
q. pull	r. blouson	s. collier	t. ceinture
u. bague	v. imperméable	w. boucles d'oreille	

Exercices

I. 다음 문장을 복합과거형으로 바꾸시오.

1) Je rencontre un ami dans le bus.

2) Tu fais ton devoir.

3) Nous prenons le métro.

4) Ils regardent la télévision.

5) Elles finissent leur repas.

II. 밑줄 친 동사를 알맞은 복합과거형으로 고치시오.

1) Ils <u>arrivent</u> à l'aéroport.

2) Les actrices <u>vont</u> à Paris.

3) Ils <u>montent</u> dans le train.

4) Sophie <u>part</u> toute seule.

5) Elles <u>rentrent</u> de leurs vacances.

III. 다음 문장을 복합과거형으로 고치시오.

1) Parlez-vous du roman de Maupassant?

2) Elle ne va pas à la campagne.

3) Tu ne réponds pas.

4) Elles ne restent pas un an en Corée.

5) Ils se téléphonent.

6) Elle s'arrête devant le magasin.

IV. 프랑스어로 옮기시오.

1) 가격이 얼마입니까?

2) 이 옷을 입어 봐도 될까요?

3) 나는 주말을 잘 보냈어요.

4) 그녀는 집으로 돌아갔어요.

5) 이 색깔이 당신에게 잘 어울리는군요.

V. 대화를 읽고 다음 질문에 대답하시오.

Brigitte : Cette chemise est jolie.

Colette : Oui, c'est vrai, mais Marc n'aime pas le brun.

Brigitte : Il porte quelles couleurs, d'habitude?

Colette : Il aime le bleu, le gris ou le noir. Il porte quelquefois du vert.

Brigitte : Que penses-tu de celle-ci? C'est une jolie couleur.

Colette : Elle fait quelle taille? Moyenne? C'est combien?

Brigitte : 80 euros!

1) Marc aime quelle couleur?

2) Aime-t-il le brun?

3) Combien coûte cette chemise?

4) Colette cherche-t-elle une chemise?

5) Sait-elle la taille de Marc?

VI. 점원과 손님 간의 대화입니다. 두 사람 사이에 오간 질문과 답변이 누구의 것인지 빈칸에 표시하시오.

보기) **a. vendeuse   b. cliente**

1) Est-ce que je peux essayer? (   )

2) Je peux vous renseigner? (   )

3) Je fais du 40. (   )

4) Vous faites quelle taille? (   )

5) Ça vous plaît? (   )

6) Est-ce que vous avez un autre modèle? (   )

7) Ça ne me va pas. (   )

Combien ça coûte? (가격이 얼마입니까?)

Est-ce que je peux essayer? (입어 봐도 될까요?)

Ça me plaît beaucoup. (아주 제 마음에 듭니다)

Cette couleur vous va bien. (이 색깔은 당신에게 잘 어울립니다)

Qu'est-ce que tu portes aujourd'hui? (너 오늘 무슨 옷을 입고 있니?)

N'oubliez pas

2011년 10월 6일, 세계를 바꾼 위대한 천재, IT의 영웅 스티브 잡스 Steve Jobs (1955~2011)가 우리 곁을 떠났다. 아마도 한 기업인의 죽음 앞에 이토록 세계인이 슬퍼하는 것은 매우 이례적인 일일 것이다. 그만큼 그의 삶이 드라마틱해서가 아닌가 한다. 그는 분명 토마스 에디슨이나 헨리 포드 이상의 인물로 우리에게 영원히 기억될 것이다. 2005년, 스탠포드 대학 졸업식 연사로 초청되어, 사회에 첫발을 내딛는 졸업생들을 위해 그는 숨기고 싶었던 자신의 과거는 물론, 인생의 선배로서 소중한 조언을 한다.

> "지금의 제 양부모님은 한밤중에 이런 전화를 받았습니다. '원하지 않는 사내아이가 태어났는데 입양하시겠습니까?' 양부모님은 대답했습니다. '물론이죠.'"

이렇게 태어난 지 일주일 만에 입양된 잡스는 온갖 역경을 딛고 17살에 대학에 입학하게 되지만, 학비가 없어 3학기 만에 중퇴한다. 그 시절 그는 삶의 마지막 날을 생각했다고 졸업식장에서 술회했다.

"저는 17살 때 책에서 우연히 이런 문장을 발견했습니다. '매일을 당신의 마지막 날인 것처럼 살아간다면 언젠가 당신은 매우 확실하게 올바른 길에 서 있을 것입니다.' 이 문장은 저에게 깊은 인상을 남겼습니다. 그때 이후로 지금까지 저는 매일 거울을 보며 제 자신에게 자문해 봅니다. '오늘이 내 인생의 마지막 날이라면, 지금 나는 이 일을 하겠는가?' 여러분의 시간은 한정돼 있습니다. 다른 사람의 삶을 대신 사느라 시간을 낭비하지 마십시오. 무작정 다른 사람들의 생각을 따르는 우를 범하지 마십시오. 마음의 소리를 따르십시오. 가장 중요한 것은 여러분의 마음과 직관을 따르는 용기입니다. 당신이 진정 하고자 하는 것을 마음은 알고 있습니다. '내가 곧 죽는다는 사실을 기억하는 것', 이것이 바로 인생에서 커다란 선택에 직면했을 때 도움이 되는 가장 중요한 무기입니다. 외부의 모든 기대와 자부심, 낭패를 당하거나 실패할지도 모른다는 두려움. 이 모든 것들이 죽음 앞에서는 다 사라집니다. 그리고 진정 중요한 것만 남습니다. 아무도 죽기를 원하는 사람은 없습니다. 천국에 가고 싶은 사람들조차 죽음을 원치는 않을 것입니다. 그 누구도 절대로 죽음을 피할 수 없습니다. 죽음은 그래야만 합니다. 죽음이야말로 이 세상 최고의 발명품이니까요."

그는 비록 우리 곁을 떠났지만, 인류의 삶을 풍성하게 만든 변화에 대한 그의 지칠 줄 모르는 열정과 도전, 동서양을 넘나드는 유연한 사고, 그리고 후회 없이 살기 위해 노력했던 치열한 삶은 영원의 시간을 품고 우리에게 기억될 것이다. 그러나 그에게도 후회스러운 것이 하나 있었던 것 같다. 가족과 많은 시간을 보내지 못한 것. 파란만장한 삶을 살았던 프랑스의 샹송 가

수 에디뜨 삐아프(Edith Piaf, 1915~1963)의 〈아니에요, 전 아무것도 후회하지 않아요 *Non, je ne regrette rien*〉의 노랫말이 가슴을 저리며, 애틋하게 다가오는 것은 이 또한 후회하지 않는 삶을 살아간다는 것이 얼마나 고통스럽고 힘든 일인가, 그 역설의 의미를 되새겨보게 한다. 과연 후회라는 인간의 삶의 감정은 죽음과 함께 사라질 수 있는 것일까.

Non! Je ne regrette rien

Non! Rien de rien…
Non! Je ne regrette rien…
Ni le bien, qu'on m'a fait
Ni le mal, tout ça m'est bien égal!

Non! Rien de rien…
Non! Je ne regrette rien…
C'est payé, balayé, oublié
Je me fous du passé!

Avec mes souvenirs
J'ai allumé le feu
Mes chagrins, mes plaisirs
Je n'ai plus besoin d'eux!

Balayés les amours
Avec tous leurs trémolos
Balayés pour toujours
Je repars à zéro…

Non! Rien de rien…
Non! Je ne regrette rien…
Ni le bien, qu'on m'a fait
Ni le mal, tout ça m'est bien égal!

Non! Rien de rien…
Non! Je ne regrette rien…
Car ma vie, car mes joies
Aujourd'hui, ça commence avec toi!

알아두면 유용한 속담

Il n'y a pas de fumée sans feu. / 아니 땐 굴뚝에 연기 나랴.

Tableaux des conjugaisons
동사 변화표

Leçon 1

aller

Présent		Passé composé			Futur simple	
je	vais	je	suis	allé	j'	irai
tu	vas	tu	es	allé	tu	iras
il	va	il	est	allé	il	ira
nous	allons	nous	sommes	allés	nous	irons
vous	allez	vous	êtes	allé(s)	vous	irez
ils	vont	ils	sont	allés	ils	iront

être

Présent		Passé composé			Futur simple	
je	suis	j'	ai	été	je	serai
tu	es	tu	as	été	tu	seras
il	est	il	a	été	il	sera
nous	sommes	nous	avons	été	nous	serons
vous	êtes	vous	avez	été	vous	serez
ils	sont	ils	ont	été	ils	seront

Leçon 2

s'appeler

Présent			Passé composé				Futur simple		
je	m'	appelle	je	me	suis	appelé	je	m'	appellerai
tu	t'	appelles	tu	t'	es	appelé	tu	t'	appelleras
il	s'	appelle	il	s'	est	appelé	il	s'	appellera
nous	nous	appelons	nous	nous	sommes	appelés	nous	nous	appellerons
vous	vous	appelez	vous	vous	êtes	appelé(s)	vous	vous	appellerez
ils	s'	appellent	ils	se	sont	appelés	ils	s'	appelleront

aimer

Présent		Passé composé			Futur simple	
j'	aime	j'	ai	aimé	j'	aimerai
tu	aimes	tu	as	aimé	tu	aimeras
il	aime	il	a	aimé	il	aimera
nous	aimons	nous	avons	aimé	nous	aimerons
vous	aimez	vous	avez	aimé	vous	aimerez
ils	aiment	ils	ont	aimé	ils	aimeront

habiter

Présent		Passé composé			Futur simple	
j'	habite	j'	ai	habité	j'	habiterai
tu	habites	tu	as	habité	tu	habiteras
il	habite	il	a	habité	il	habitera
nous	habitons	nous	avons	habité	nous	habiterons
vous	habitez	vous	avez	habité	vous	habiterez
ils	habitent	ils	ont	habité	ils	habiteront

parler

Présent		Passé composé			Futur simple	
je	parle	j'	ai	parlé	je	parlerai
tu	parles	tu	as	parlé	tu	parleras
il	parle	il	a	parlé	il	parlera
nous	parlons	nous	avons	parlé	nous	parlerons
vous	parlez	vous	avez	parlé	vous	parlerez
ils	parlent	ils	ont	parlé	ils	parleront

détester

Présent		Passé composé			Futur simple	
je	déteste	j'	ai	détesté	je	détesterai
tu	détestes	tu	as	détesté	tu	détesteras
il	déteste	il	a	détesté	il	détestera
nous	détestons	nous	avons	détesté	nous	détesterons
vous	détestez	vous	avez	détesté	vous	détesterez
ils	détestent	ils	ont	détesté	ils	détesteront

Leçon 3

vouloir

Présent		Passé composé			Futur simple	
je	veux	j'	ai	voulu	je	voudrai
tu	veux	tu	as	voulu	tu	voudras
il	veut	il	a	voulu	il	voudra
nous	voulons	nous	avons	voulu	nous	voudrons
vous	voulez	vous	avez	voulu	vous	voudrez
ils	veulent	ils	ont	voulu	ils	voudront

préférer

Présent		Passé composé			Futur simple	
je	préfère	j'	ai	préféré	je	préférerai
tu	préfères	tu	as	préféré	tu	préféreras
il	préfère	il	a	préféré	il	préférera
nous	préférons	nous	avons	préféré	nous	préférerons
vous	préférez	vous	avez	préféré	vous	préférerez
ils	préfèrent	ils	ont	préféré	ils	préféreront

s'excuser

Présent			Passé composé				Futur simple		
je	m'	excuse	je	me	suis	excusé	je	m'	excuserai
tu	t'	excuses	tu	t'	es	excusé	tu	t'	excuseras
il	s'	excuse	il	s'	est	excusé	il	s'	excusera
nous	nous	excusons	nous	nous	sommes	excusés	nous	nous	excuserons
vous	vous	excusez	vous	vous	êtes	excusé(s)	vous	vous	excuserez
ils	s'	excusent	ils	se	sont	excusés	ils	s'	excuseront

avoir

Présent		Passé composé			Futur simple	
j'	ai	j'	ai	eu	j'	aurai
tu	as	tu	as	eu	tu	auras
il	a	il	a	eu	il	aura
nous	avons	nous	avons	eu	nous	aurons
vous	avez	vous	avez	eu	vous	aurez
ils	ont	ils	ont	eu	ils	auront

chercher

Présent		Passé composé			Futur simple	
je	cherche	j'	ai	cherché	je	chercherai
tu	cherches	tu	as	cherché	tu	chercheras
il	cherche	il	a	cherché	il	cherchera
nous	cherchons	nous	avons	cherché	nous	chercherons
vous	cherchez	vous	avez	cherché	vous	chercherez
ils	cherchent	ils	ont	cherché	ils	chercheront

passer

Présent		Passé composé			Futur simple	
je	passe	j'	ai	passé	je	passerai
tu	passes	tu	as	passé	tu	passeras
il	passe	il	a	passé	il	passera
nous	passons	nous	avons	passé	nous	passerons
vous	passez	vous	avez	passé	vous	passerez
ils	passent	ils	ont	passé	ils	passeront

aider

Présent		Passé composé			Futur simple	
j'	aide	j'	ai	aidé	j'	aiderai
tu	aides	tu	as	aidé	tu	aideras
il	aide	il	a	aidé	il	aidera
nous	aidons	nous	avons	aidé	nous	aiderons
vous	aidez	vous	avez	aidé	vous	aiderez
ils	aident	ils	ont	aidé	ils	aideront

manger

Présent		Passé composé			Futur simple	
je	mange	j'	ai	mangé	je	mangerai
tu	manges	tu	as	mangé	tu	mangeras
il	mange	il	a	mangé	il	mangera
nous	mangeons	nous	avons	mangé	nous	mangerons
vous	mangez	vous	avez	mangé	vous	mangerez
ils	mangent	ils	ont	mangé	ils	mangeront

boire

Présent		Passé composé			Futur simple	
je	bois	j'	ai	bu	je	boirai
tu	bois	tu	as	bu	tu	boiras
il	boit	il	a	bu	il	boira
nous	buvons	nous	avons	bu	nous	boirons
vous	buvez	vous	avez	bu	vous	boirez
ils	boivent	ils	ont	bu	ils	boiront

Leçon 4

annoncer

Présent		Passé composé			Futur simple	
j'	annonce	j'	ai	annoncé	j'	annoncerai
tu	annonces	tu	as	annoncé	tu	annonceras
il	annonce	il	a	annoncé	il	annoncera
nous	annonçons	nous	avons	annoncé	nous	annoncerons
vous	annoncez	vous	avez	annoncé	vous	annoncerez
ils	annoncent	ils	ont	annoncé	ils	annonceront

se marier

Présent			Passé composé				Futur simple		
je	me	marie	je	me	suis	marié	je	me	marierai
tu	te	maries	tu	t'	es	marié	tu	te	marieras
il	se	marie	il	s'	est	marié	il	se	mariera
nous	nous	marions	nous	nous	sommes	mariés	nous	nous	marierons
vous	vous	mariez	vous	vous	êtes	marié(s)	vous	vous	marierez
ils	se	marient	ils	se	sont	mariés	ils	se	marieront

venir

Présent		Passé composé			Futur simple	
je	viens	je	suis	venu	je	viendrai
tu	viens	tu	es	venu	tu	viendras
il	vient	il	est	venu	il	viendra
nous	venons	nous	sommes	venus	nous	viendrons
vous	venez	vous	êtes	venu(s)	vous	viendrez
ils	viennent	ils	sont	venus	ils	viendront

sortir

	Présent		Passé composé			Futur simple
je	sors	je	suis	sorti	je	sortirai
tu	sors	tu	es	sorti	tu	sortiras
il	sort	il	est	sorti	il	sortira
nous	sortons	nous	sommes	sortis	nous	sortirons
vous	sortez	vous	êtes	sorti(s)	vous	sortirez
ils	sortent	ils	sont	sortis	ils	sortiront

finir

	Présent		Passé composé			Futur simple
je	finis	j'	ai	fini	je	finirai
tu	finis	tu	as	fini	tu	finiras
il	finit	il	a	fini	il	finira
nous	finissons	nous	avons	fini	nous	finirons
vous	finissez	vous	avez	fini	vous	finirez
ils	finissent	ils	ont	fini	ils	finiront

pouvoir

	Présent		Passé composé			Futur simple
je	peux	j'	ai	pu	je	pourrai
tu	peux	tu	as	pu	tu	pourras
il	peut	il	a	pu	il	pourra
nous	pouvons	nous	avons	pu	nous	pourrons
vous	pouvez	vous	avez	pu	vous	pourrez
ils	peuvent	ils	ont	pu	ils	pourront

amener

	Présent		Passé composé			Futur simple
j'	amène	j'	ai	amené	j'	amènerai
tu	amènes	tu	as	amené	tu	amèneras
il	amène	il	a	amené	il	amènera
nous	amenons	nous	avons	amené	nous	amènerons
vous	amenez	vous	avez	amené	vous	amènerez
ils	amènent	ils	ont	amené	ils	amèneront

adorer

	Présent		Passé composé			Futur simple
j'	adore	j'	ai	adoré	j'	adorerai
tu	adores	tu	as	adoré	tu	adoreras
il	adore	il	a	adoré	il	adorera
nous	adorons	nous	avons	adoré	nous	adorerons
vous	adorez	vous	avez	adoré	vous	adorerez
ils	adorent	ils	ont	adoré	ils	adoreront

Leçon 5

s'asseoir

Présent			Passé composé				Futur simple		
je	m'	assois	je	me	suis	assis	je	m'	assoirai
tu	t'	assois	tu	t'	es	assis	tu	t'	assoiras
il	s'	assoit	il	s'	est	assis	il	s'	assoira
nous	nous	assoyons	nous	nous	sommes	assis	nous	nous	assoirons
vous	vous	assoyez	vous	vous	êtes	assis	vous	vous	assoirez
ils	s'	assoient	ils	se	sont	assis	ils	s'	assoiront

Présent			Passé composé				Futur simple		
je	m'	assieds	je	me	suis	assis	je	m'	assiérai
tu	t'	assieds	tu	t'	es	assis	tu	t'	assiéras
il	s'	assied	il	s'	est	assis	il	s'	assiéra
nous	nous	asseyons	nous	nous	sommes	assis	nous	nous	assiérons
vous	vous	asseyez	vous	vous	êtes	assis	vous	vous	assiérez
ils	s'	asseyent	ils	se	sont	assis	ils	s'	assiéront

ouvrir

Présent		Passé composé			Futur simple	
j'	ouvre	j'	ai	ouvert	j'	ouvrirai
tu	ouvres	tu	as	ouvert	tu	ouvriras
il	ouvre	il	a	ouvert	il	ouvrira
nous	ouvrons	nous	avons	ouvert	nous	ouvrirons
vous	ouvrez	vous	avez	ouvert	vous	ouvrirez
ils	ouvrent	ils	ont	ouvert	ils	ouvriront

voir

Présent		Passé composé			Futur simple	
je	vois	j'	ai	vu	je	verrai
tu	vois	tu	as	vu	tu	verras
il	voit	il	a	vu	il	verra
nous	voyons	nous	avons	vu	nous	verrons
vous	voyez	vous	avez	vu	vous	verrez
ils	voient	ils	ont	vu	ils	verront

ressentir

Présent		Passé composé			Futur simple	
je	ressens	j'	ai	ressenti	je	ressentirai
tu	ressens	tu	as	ressenti	tu	ressentiras
il	ressent	il	a	ressenti	il	ressentira
nous	ressentons	nous	avons	ressenti	nous	ressentirons
vous	ressentez	vous	avez	ressenti	vous	ressentirez
ils	ressentent	ils	ont	ressenti	ils	ressentiront

présenter

Présent		Passé composé			Futur simple	
je	présente	j'	ai	présenté	je	présenterai
tu	présentes	tu	as	présenté	tu	présenteras
il	présente	il	a	présenté	il	présentera
nous	présentons	nous	avons	présenté	nous	présenterons
vous	présentez	vous	avez	présenté	vous	présenterez
ils	présentent	ils	ont	présenté	ils	présenteront

tousser

Présent		Passé composé			Futur simple	
je	tousse	j'	ai	toussé	je	tousserai
tu	tousses	tu	as	toussé	tu	tousseras
il	tousse	il	a	toussé	il	toussera
nous	toussons	nous	avons	toussé	nous	tousserons
vous	toussez	vous	avez	toussé	vous	tousserez
ils	toussent	ils	ont	toussé	ils	tousseront

prendre

Présent		Passé composé			Futur simple	
je	prends	j'	ai	pris	je	prendrai
tu	prends	tu	as	pris	tu	prendras
il	prend	il	a	pris	il	prendra
nous	prenons	nous	avons	pris	nous	prendrons
vous	prenez	vous	avez	pris	vous	prendrez
ils	prennent	ils	ont	pris	ils	prendront

Leçon 6

connaître

Présent		Passé composé			Futur simple	
je	connais	j'	ai	connu	je	connaîtrai
tu	connais	tu	as	connu	tu	connaîtras
il	connaît	il	a	connu	il	connaîtra
nous	connaissons	nous	avons	connu	nous	connaîtrons
vous	connaissez	vous	avez	connu	vous	connaîtrez
ils	connaissent	ils	ont	connu	ils	connaîtront

remercier

Présent		Passé composé			Futur simple	
je	remercie	j'	ai	remercié	je	remercierai
tu	remercies	tu	as	remercié	tu	remercieras
il	remercie	il	a	remercié	il	remerciera
nous	remercions	nous	avons	remercié	nous	remercierons
vous	remerciez	vous	avez	remercié	vous	remercierez
ils	remercient	ils	ont	remercié	ils	remercieront

désirer

	Présent		Passé composé			Futur simple
je	désire	j'	ai	désiré	je	désirerai
tu	désires	tu	as	désiré	tu	désireras
il	désire	il	a	désiré	il	désirera
nous	désirons	nous	avons	désiré	nous	désirerons
vous	désirez	vous	avez	désiré	vous	désirerez
ils	désirent	ils	ont	désiré	ils	désireront

arranger

	Présent		Passé composé			Futur simple
j'	arrange	j'	ai	arrangé	j'	arrangerai
tu	arranges	tu	as	arrangé	tu	arrangeras
il	arrange	il	a	arrangé	il	arrangera
nous	arrangeons	nous	avons	arrangé	nous	arrangerons
vous	arrangez	vous	avez	arrangé	vous	arrangerez
ils	arrangent	ils	ont	arrangé	ils	arrangeront

faire

	Présent		Passé composé			Futur simple
je	fais	j'	ai	fait	je	ferai
tu	fais	tu	as	fait	tu	feras
il	fait	il	a	fait	il	fera
nous	faisons	nous	avons	fait	nous	ferons
vous	faites	vous	avez	fait	vous	ferez
ils	font	ils	ont	fait	ils	feront

Leçon 7

rester

	Présent		Passé composé			Futur simple
je	reste	j'	suis	resté	je	resterai
tu	restes	tu	es	resté	tu	resteras
il	reste	il	est	resté	il	restera
nous	restons	nous	sommes	restés	nous	resterons
vous	restez	vous	êtes	resté(s)	vous	resterez
ils	restent	ils	sont	restés	ils	resteront

déclarer

	Présent		Passé composé			Futur simple
je	déclare	j'	ai	déclaré	je	déclarerai
tu	déclares	tu	as	déclaré	tu	déclaeras
il	déclare	il	a	déclaré	il	déclarera
nous	déclarons	nous	avons	déclaré	nous	déclarerons
vous	déclarez	vous	avez	déclaré	vous	déclarerez
ils	déclarent	ils	ont	déclaré	ils	déclareront

partir

	Présent		Passé composé			Futur simple
je	pars	je	suis	parti	je	partirai
tu	pars	tu	es	parti	tu	partiras
il	part	il	est	parti	il	partira
nous	partons	nous	sommes	partis	nous	partirons
vous	partez	vous	êtes	parti(s)	vous	partirez
ils	partent	ils	sont	partis	ils	partiront

se dépêcher

	Présent			Passé composé				Futur simple	
je	me	dépêche	je	me	suis	dépêché	je	me	dépêcherai
tu	te	dépêches	tu	t'	es	dépêché	tu	te	dépêcheras
il	se	dépêche	il	s'	est	dépêché	il	se	dépêchera
nous	nous	dépêchons	nous	nous	sommes	dépêchés	nous	nous	dépêcherons
vous	vous	dépêchez	vous	vous	êtes	dépêché(s)	vous	vous	dépêcherez
ils	se	dépêchent	ils	se	sont	dépêchés	ils	se	dépêcheront

rater

	Présent		Passé composé			Futur simple
je	rate	j'	ai	raté	je	raterai
tu	rates	tu	as	raté	tu	rateras
il	rate	il	a	raté	il	ratera
nous	ratons	nous	avons	raté	nous	raterons
vous	ratez	vous	avez	raté	vous	raterez
ils	ratent	ils	ont	raté	ils	rateront

Leçon 8

oublier

	Présent		Passé composé			Futur simple
j'	oublie	j'	ai	oublié	j'	oublierai
tu	oublies	tu	as	oublié	tu	oublieras
il	oublie	il	a	oublié	il	oubliera
nous	oublions	nous	avons	oublié	nous	oublierons
vous	oubliez	vous	avez	oublié	vous	oublierez
ils	oublient	ils	ont	oublié	ils	oublieront

plaire

	Présent		Passé composé			Futur simple
je	plais	j'	ai	plu	je	plairai
tu	plais	tu	as	plu	tu	plairas
il	plaît	il	a	plu	il	plaira
nous	plaisons	nous	avons	plu	nous	plairons
vous	plaisez	vous	avez	plu	vous	plairez
ils	plaisent	ils	ont	plu	ils	plairont

attendre

Présent		Passé composé			Futur simple	
j'	attends	j'	ai	attendu	j'	attendrai
tu	attends	tu	as	attendu	tu	attendras
il	attend	il	a	attendu	il	attendra
nous	attendons	nous	avons	attendu	nous	attendrons
vous	attendez	vous	avez	attendu	vous	attendrez
ils	attendent	ils	ont	attendu	ils	attendront

traverser

Présent		Passé composé			Futur simple	
je	traverse	j'	ai	traversé	je	traverserai
tu	traverses	tu	as	traversé	tu	traverseras
il	traverse	il	a	traversé	il	traversera
nous	traversons	nous	avons	traversé	nous	traverserons
vous	traversez	vous	avez	traversé	vous	traverserez
ils	traversent	ils	ont	traversé	ils	traverseront

Leçon 9

pouvoir

	Présent		Passé composé			Futur simple
je	peux	j'	ai	pu	je	pourrai
tu	peux	tu	as	pu	tu	pourras
il	peut	il	a	pu	il	pourra
nous	pouvons	nous	avons	pu	nous	pourrons
vous	pouvez	vous	avez	pu	vous	pourrez
ils	peuvent	ils	ont	pu	ils	pourront

acheter

	Présent		Passé composé			Futur simple
j'	achète	j'	ai	acheté	j'	achèterai
tu	achètes	tu	as	acheté	tu	achèteras
il	achète	il	a	acheté	il	achètera
nous	achetons	nous	avons	acheté	nous	achèterons
vous	achetez	vous	avez	acheté	vous	achèterez
ils	achètent	ils	ont	acheté	ils	achèteront

descendre

	Présent		Passé composé			Futur simple
je	descends	je	suis	descendu	je	descendrai
tu	descends	tu	es	descendu	tu	descendras
il	descend	il	est	descendu	il	descendra
nous	descendons	nous	sommes	descendus	nous	descendrons
vous	descendez	vous	êtes	descendu(s)	vous	descendrez
ils	descendent	ils	sont	descendus	ils	descendront

devoir

	Présent		Passé composé			Futur simple
je	dois	j'	ai	dû	je	devrai
tu	dois	tu	as	dû	tu	devras
il	doit	il	a	dû	il	devra
nous	devons	nous	avons	dû	nous	devrons
vous	devez	vous	avez	dû	vous	devrez
ils	doivent	ils	ont	dû	ils	devront

retourner

	Présent		Passé composé			Futur simple
je	retourne	je	suis	retourné	je	retournerai
tu	retournes	tu	es	retourné	tu	retourneras
il	retourne	il	est	retourné	il	retournera
nous	retournons	nous	sommes	retournés	nous	retournerons
vous	retourner	vous	êtes	retourné(s)	vous	retournerez
ils	retournent	ils	sont	retournés	ils	retourneront

Leçon 10

payer

Présent		Passé composé			Futur simple	
je	pai[y]e	j'	ai	payé	je	pai[y]erai
tu	pai[y]es	tu	as	payé	tu	pai[y]eras
il	pai[y]e	il	a	payé	il	pai[y]era
nous	payons	nous	avons	payé	nous	pai[y]erons
vous	payez	vous	avez	payé	vous	pai[y]erez
ils	pai[y]ent	ils	ont	payé	ils	pai[y]eront

jouer

Présent		Passé composé			Futur simple	
je	joue	j'	ai	joué	je	jouerai
tu	joues	tu	as	joué	tu	joueras
il	joue	il	a	joué	il	jouera
nous	jouons	nous	avons	joué	nous	jouerons
vous	jouez	vous	avez	joué	vous	jouerez
ils	jouent	ils	ont	joué	ils	joueront

déjeuner

Présent		Passé composé			Futur simple	
je	déjeune	j'	ai	déjeuné	je	déjeunerai
tu	déjeunes	tu	as	déjeuné	tu	déjeuneras
il	déjeune	il	a	déjeuné	il	déjeunera
nous	déjeunons	nous	avons	déjeuné	nous	déjeunerons
vous	déjeunez	vous	avez	déjeuné	vous	déjeunerez
ils	déjeunent	ils	ont	déjeuné	ils	déjeuneront

manger

	Présent		Passé composé			Futur simple
je	mange	j'	ai	mangé	je	mangerai
tu	manges	tu	as	mangé	tu	mangeras
il	mange	il	a	mangé	il	mangera
nous	mangeons	nous	avons	mangé	nous	mangerons
vous	mangez	vous	avez	mangé	vous	mangerez
ils	mangent	ils	ont	mangé	ils	mangeront

commander

	Présent		Passé composé			Futur simple
je	commande	j'	ai	commandé	je	commanderai
tu	commandes	tu	as	commandé	tu	commanderas
il	commande	il	a	commandé	il	commandera
nous	commandons	nous	avons	commandé	nous	commanderons
vous	commandez	vous	avez	commandé	vous	commanderez
ils	commandent	ils	ont	commandé	ils	commanderont

conseiller

	Présent		Passé composé			Futur simple
je	conseille	j'	ai	conseillé	je	conseillerai
tu	conseilles	tu	as	conseillé	tu	conseilleras
il	conseille	il	a	conseillé	il	conseillera
nous	conseillons	nous	avons	conseillé	nous	conseillerons
vous	conseillez	vous	avez	conseillé	vous	conseillerez
ils	conseillent	ils	ont	conseillé	ils	conseilleront

désirer

Présent		Passé composé			Futur simple	
je	désire	j'	ai	désiré	je	désirerai
tu	désires	tu	as	désiré	tu	désireras
il	désire	il	a	désiré	il	désirera
nous	désirons	nous	avons	désiré	nous	désirerons
vous	désirez	vous	avez	désiré	vous	désirerez
ils	désirent	ils	ont	désiré	ils	désireront

Leçon 11

renseigner

	Présent		Passé composé			Futur simple
je	renseigne	j'	ai	renseigné	je	renseignerai
tu	renseignes	tu	as	renseigné	tu	renseigneras
il	renseigne	il	a	renseigné	il	renseignera
nous	renseignons	nous	avons	renseigné	nous	renseignerons
vous	renseignez	vous	avez	renseigné	vous	renseignerez
ils	renseignent	ils	ont	renseigné	ils	renseigneront

commencer

	Présent		Passé composé			Futur simple
je	commence	j'	ai	commencé	je	commencerai
tu	commences	tu	as	commencé	tu	commenceras
il	commence	il	a	commencé	il	commencera
nous	commençons	nous	avons	commencé	nous	commencerons
vous	commencez	vous	avez	commencé	vous	commencerez
ils	commencent	ils	ont	commencé	ils	commenceront

tomber

	Présent		Passé composé			Futur simple
je	tombe	je	suis	tombé	je	tomberai
tu	tombes	tu	es	tombé	tu	tomberas
il	tombe	il	est	tombé	il	tombera
nous	tombons	nous	sommes	tombés	nous	tomberons
vous	tombez	vous	êtes	tombé(s)	vous	tomberez
ils	tombent	ils	sont	tombés	ils	tomberont

penser

Présent		Passé composé			Futur simple	
je	pense	j'	ai	pensé	je	penserai
tu	penses	tu	as	pensé	tu	penseras
il	pense	il	a	pensé	il	pensera
nous	pensons	nous	avons	pensé	nous	penserons
vous	pensez	vous	avez	pensé	vous	penserez
ils	pensent	ils	ont	pensé	ils	penseront

écouter

Présent		Passé composé			Futur simple	
j'	écoute	j'	ai	écouté	j'	écouterai
tu	écoutes	tu	as	écouté	tu	écouteras
il	écoute	il	a	écouté	il	écoutera
nous	écoutons	nous	avons	écouté	nous	écouterons
vous	écoutez	vous	avez	écouté	vous	écouterez
ils	écoutent	ils	ont	écouté	ils	écouteront

se lever

Présent			Passé composé				Futur simple		
je	me	lève	je	me	suis	levé	je	me	lèverai
tu	te	lèves	tu	t'	es	levé	tu	te	lèveras
il	se	lève	il	s'	est	levé	il	se	lèvera
nous	nous	levons	nous	nous	sommes	levés	nous	nous	lèverons
vous	vous	levez	vous	vous	êtes	levé(s)	vous	vous	lèverez
ils	se	lèvent	ils	se	sont	levés	ils	se	lèveront

se coucher

Présent			Passé composé				Futur simple		
je	me	couche	je	me	suis	couché	je	me	coucherai
tu	te	couches	tu	t'	es	couché	tu	te	coucheras
il	se	couche	il	s'	est	couché	il	se	couchera
nous	nous	couchons	nous	nous	sommes	couchés	nous	nous	coucherons
vous	vous	couchez	vous	vous	êtes	couché(s)	vous	vous	coucherez
ils	se	couchent	ils	se	sont	couchés	ils	se	coucheront

se promener

Présent			Passé composé				Futur simple		
je	me	promène	je	me	suis	promené	je	me	promènerai
tu	te	promènes	tu	t'	es	promené	tu	te	promèneras
il	se	promène	il	s'	est	promené	il	se	promènera
nous	nous	promenons	nous	nous	sommes	promenés	nous	nous	promènerons
vous	vous	promenez	vous	vous	êtes	promené(s)	vous	vous	promènerez
ils	se	promènent	ils	se	sont	promenés	ils	se	promèneront

Leçon 12

aider

Présent		Passé composé			Futur simple	
j'	aide	j'	ai	aidé	j'	aiderai
tu	aides	tu	as	aidé	tu	aideras
il	aide	il	a	aidé	il	aidera
nous	aidons	nous	avons	aidé	nous	aiderons
vous	aidez	vous	avez	aidé	vous	aiderez
ils	aident	ils	ont	aidé	ils	aideront

regarder

Présent		Passé composé			Futur simple	
je	regarde	j'	ai	regardé	je	regarderai
tu	regardes	tu	as	regardé	tu	regarderas
il	regarde	il	a	regardé	il	regardera
nous	regardons	nous	avons	regardé	nous	regarderons
vous	regardez	vous	avez	regardé	vous	regarderez
ils	regardent	ils	ont	regardé	ils	regarderont

essayer

Présent		Passé composé			Futur simple	
j'	essai[y]e	j'	ai	essayé	j'	essai[y]erai
tu	essai[y]es	tu	as	essayé	tu	essai[y]eras
il	essai[y]e	il	a	essayé	il	essai[y]era
nous	essayons	nous	avons	essayé	nous	essai[y]erons
vous	essayez	vous	avez	essayé	vous	essai[y]erez
ils	essai[y]ent	ils	ont	essayé	ils	essai[y]eront

apporter

Présent		Passé composé			Futur simple	
j'	apporte	j'	ai	apporté	j'	apporterai
tu	apportes	tu	as	apporté	tu	apporteras
il	apporte	il	a	apporté	il	apportera
nous	apportons	nous	avons	apporté	nous	apporterons
vous	apportez	vous	avez	apporté	vous	apporterez
ils	apportent	ils	ont	apporté	ils	apporteront

fêter

Présent		Passé composé			Futur simple	
je	fête	j'	ai	fêté	je	fêterai
tu	fêtes	tu	as	fêté	tu	fêteras
il	fête	il	a	fêté	il	fêtera
nous	fêtons	nous	avons	fêté	nous	fêterons
vous	fêtez	vous	avez	fêté	vous	fêterez
ils	fêtent	ils	ont	fêté	ils	fêteront

passer

Présent		Passé composé			Futur simple	
je	passe	j'	ai	passé	je	passerai
tu	passes	tu	as	passé	tu	passeras
il	passe	il	a	passé	il	passera
nous	passons	nous	avons	passé	nous	passerons
vous	passez	vous	avez	passé	vous	passerez
ils	passent	ils	ont	passé	ils	passeront

s'arrêter

Présent			Passé composé				Futur simple		
je	m'	arrête	je	me	suis	arrêté	je	m'	arrêterai
tu	t'	arrêtes	tu	t'	es	arrêté	tu	t'	arrêteras
il	s'	arrête	il	s'	est	arrêté	il	s'	arrêtera
nous	nous	arrêtons	nous	nous	sommes	arrêtés	nous	nous	arrêterons
vous	vous	arrêtez	vous	vous	êtes	arrêté(s)	vous	vous	arrêterez
ils	s'	arrêtent	ils	se	sont	arrêtés	ils	s'	arrêteront

entrer

Présent		Passé composé			Futur simple	
j'	entre	je	suis	entré	j'	entrerai
tu	entres	tu	es	entré	tu	entreras
il	entre	il	est	entré	il	entrera
nous	entrons	nous	sommes	entrés	nous	entrerons
vous	entrez	vous	êtes	entré(s)	vous	entrerez
ils	entrent	ils	sont	entrés	ils	entreront

s'approcher

Présent			Passé composé				Futur simple		
je	m'	approche	je	me	suis	approché	je	m'	approcherai
tu	t'	approches	tu	t'	es	approché	tu	t'	approcheras
il	s'	approche	il	s'	est	approché	il	s'	approchera
nous	nous	approchons	nous	nous	sommes	approchés	nous	nous	approcherons
vous	vous	approchez	vous	vous	êtes	approché(s)	vous	vous	approcherez
ils	s'	approchent	ils	se	sont	approchés	ils	s'	approcheront

choisir

	Présent		Passé composé			Futur simple
je	choisis	j'	ai	choisi	je	choisirai
tu	choisis	tu	as	choisi	tu	choisiras
il	choisit	il	a	choisi	il	choisira
nous	choisissons	nous	avons	choisi	nous	choisirons
vous	choisissez	vous	avez	choisi	vous	choisirez
ils	choisissent	ils	ont	choisi	ils	choisiront

mettre

	Présent		Passé composé			Futur simple
je	mets	j'	ai	mis	je	mettrai
tu	mets	tu	as	mis	tu	mettras
il	met	il	a	mis	il	mettra
nous	mettons	nous	avons	mis	nous	mettrons
vous	mettez	vous	avez	mis	vous	mettrez
ils	mettent	ils	ont	mis	ils	mettront

savoir

	Présent		Passé composé			Futur simple
je	sais	j'	ai	su	je	saurai
tu	sais	tu	as	su	tu	sauras
il	sait	il	a	su	il	saura
nous	savons	nous	avons	su	nous	saurons
vous	savez	vous	avez	su	vous	saurez
ils	savent	ils	ont	su	ils	sauront

rentrer

	Présent		Passé composé			Futur simple
je	rentre	je	suis	rentré	je	rentrerai
tu	rentres	tu	es	rentré	tu	rentreras
il	rentre	il	est	rentré	il	rentrera
nous	rentrons	nous	sommes	rentrés	nous	rentrerons
vous	rentrez	vous	êtes	rentré(s)	vous	rentrerez
ils	rentrent	ils	sont	rentrés	ils	rentreront

vendre

	Présent		Passé composé			Futur simple
je	vends	j'	ai	vendu	je	vendrai
tu	vends	tu	as	vendu	tu	vendras
il	vend	il	a	vendu	il	vendra
nous	vendons	nous	avons	vendu	nous	vendrons
vous	vendez	vous	avez	vendu	vous	vendrez
ils	vendent	ils	ont	vendu	ils	vendront

Amusez-vous *Bien!*

1판 1쇄 발행 | 2020년 2월 29일
1판 3쇄 발행 | 2023년 3월 20일

지 은 이 | 길해옥
펴 낸 이 | 정태욱
총괄기획 | 김태윤, 김미선

펴 낸 곳 | 여백출판사
등   록 | 2019년 11월 25일 제 2019-000265호
주   소 | 경기도 고양시 덕양구 삼원로 73, 1213호
전   화 | 031-966-5116
팩   스 | 02-6442-2296
E - mail | yeobaek19@naver.com

ⓒ 길해옥, 2020, Printed in Korea
ISBN 979-11-968880-3-9 13760

이 책의 판권은 지은이와 여백출판사에 있으며,
양측의 서면 동의 없는 무단 전재 및 복제를 금합니다.